COLOPHOSPHO

Même pas peur !

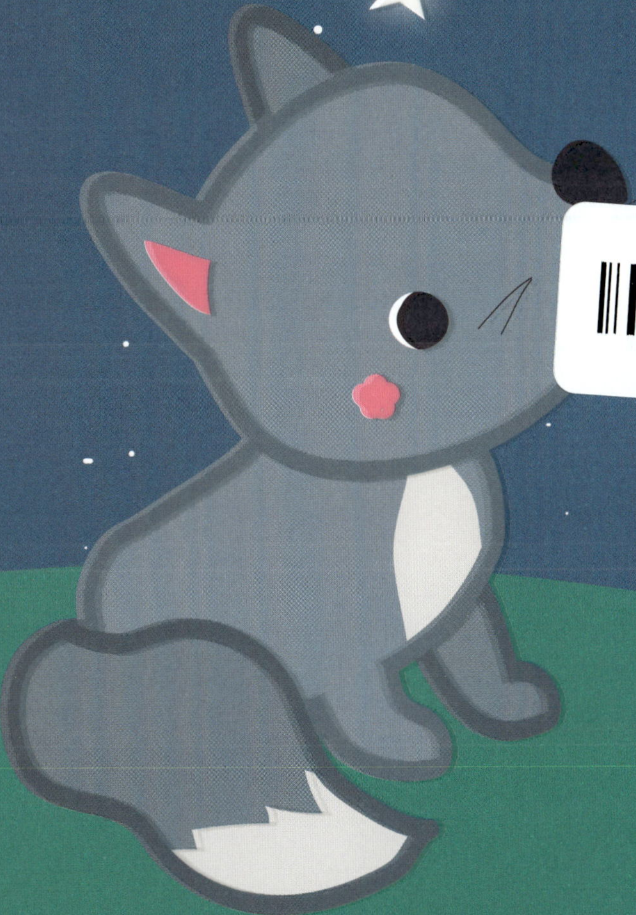

Hemma

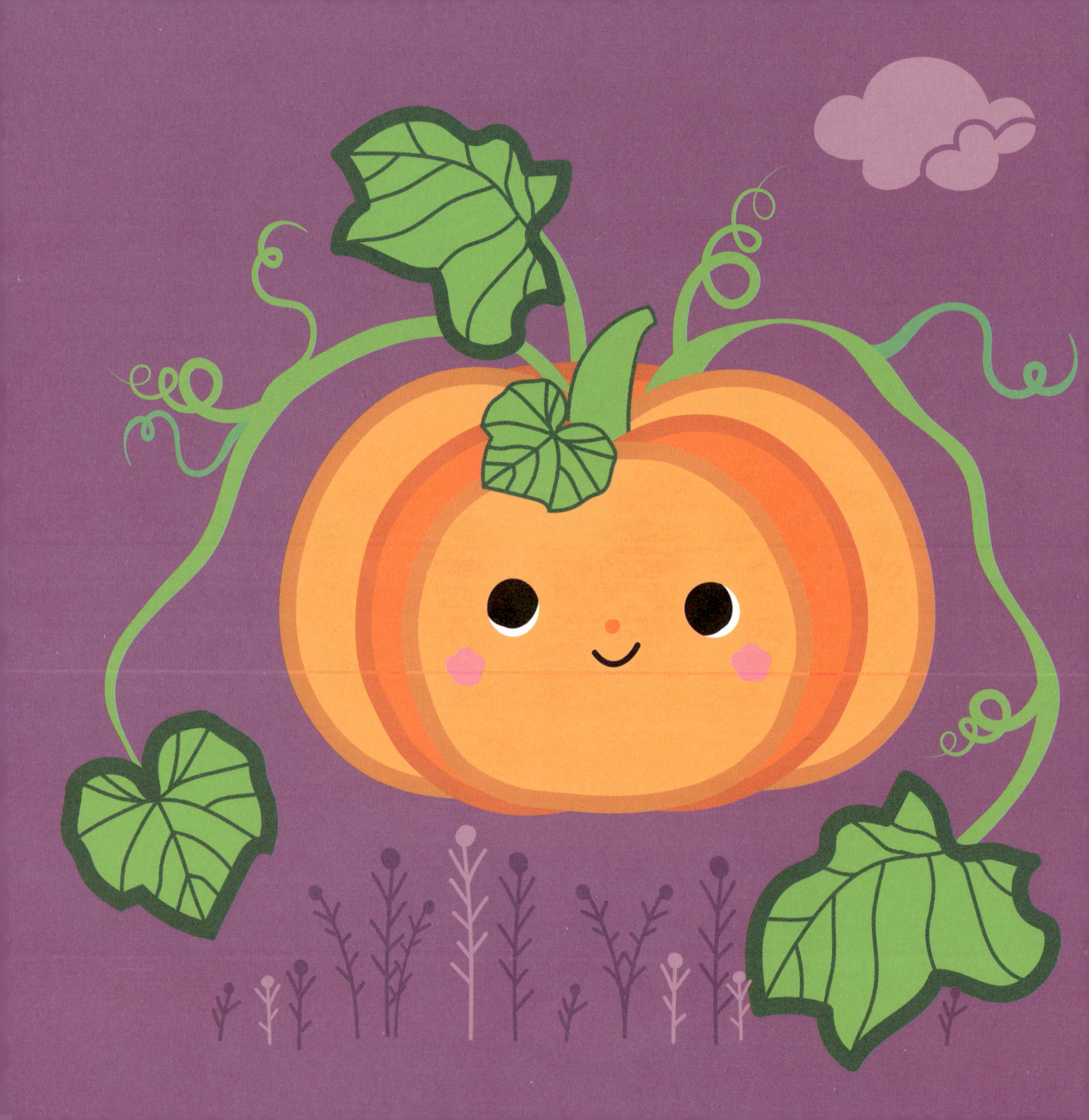

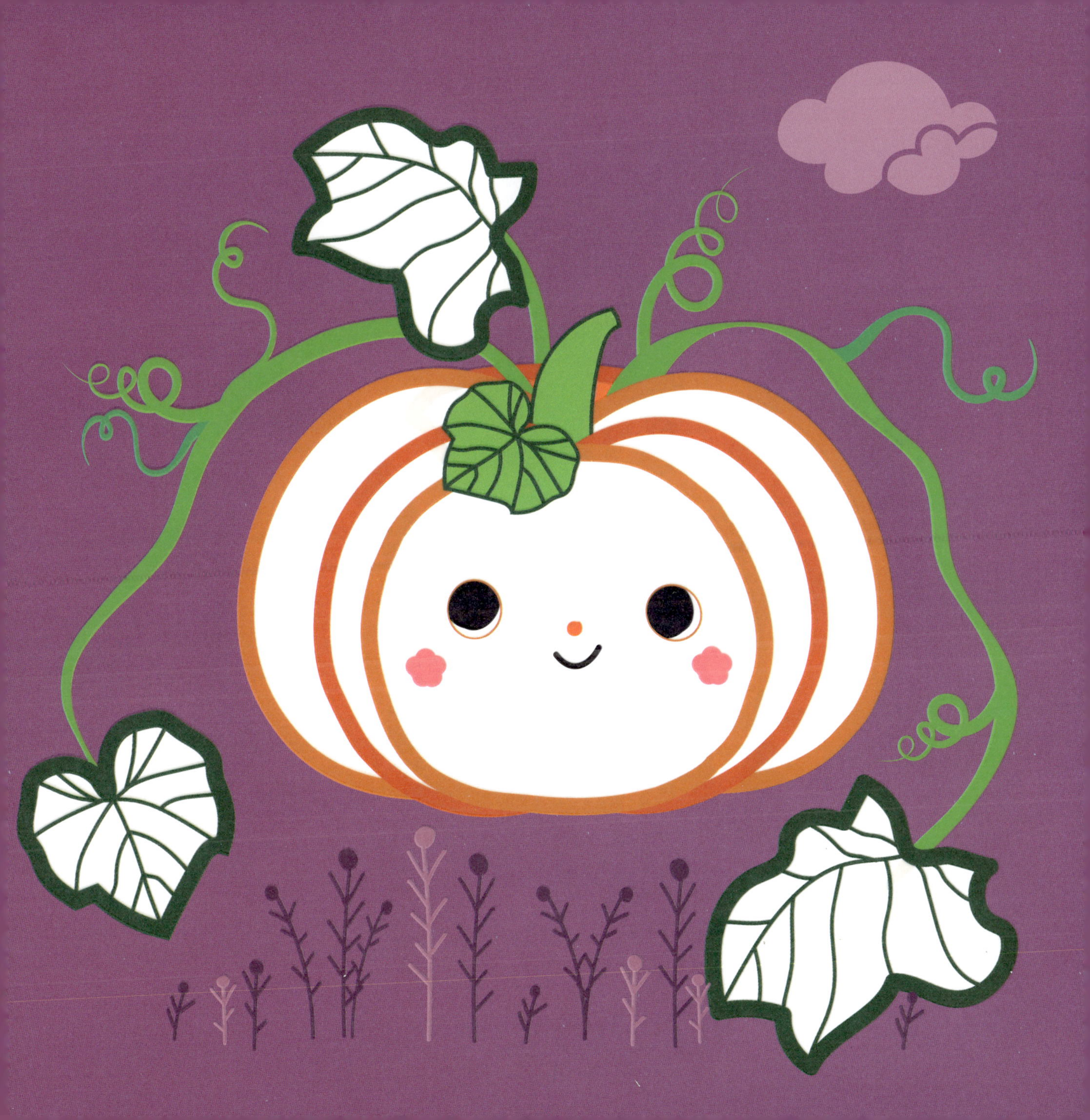

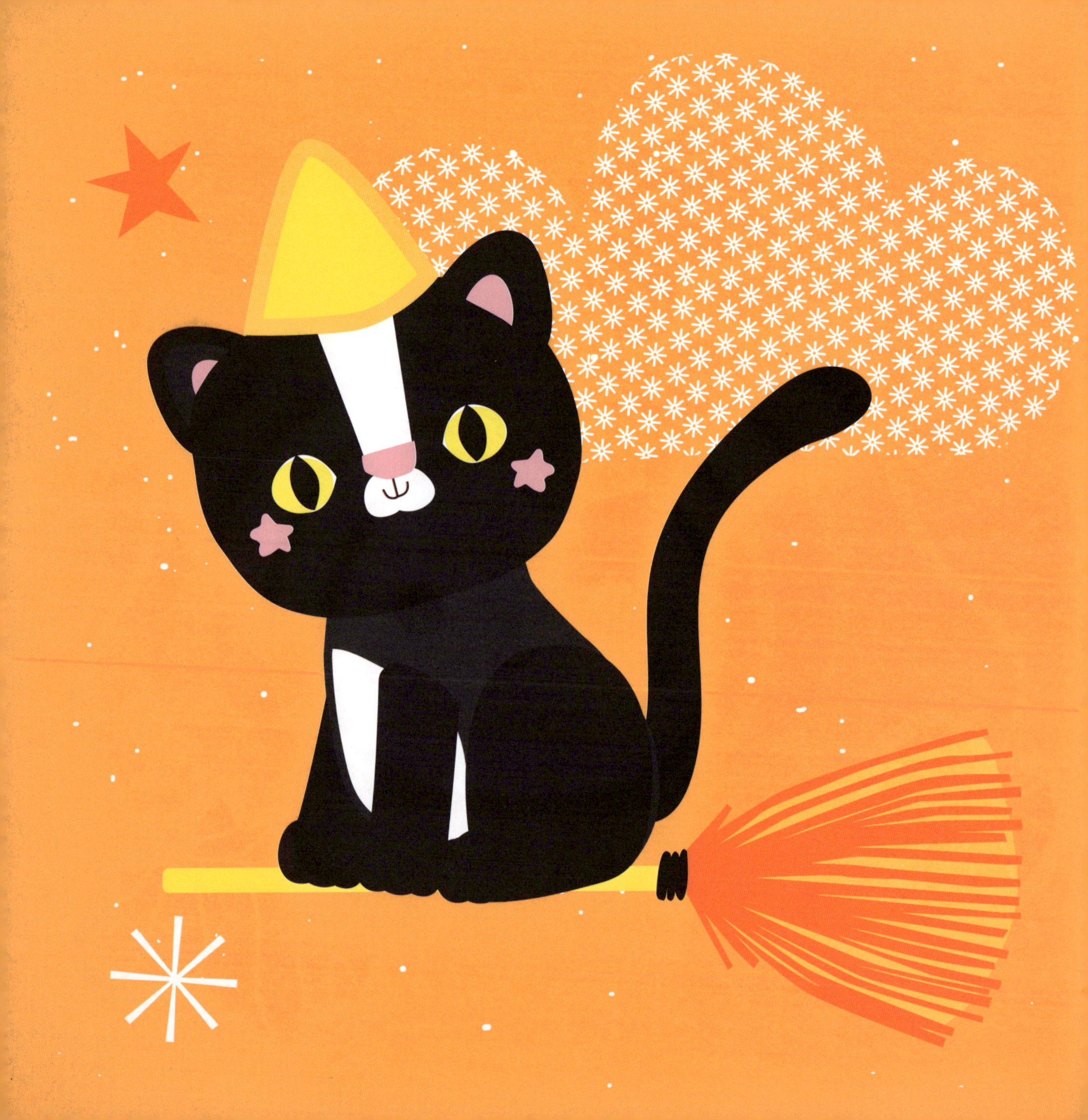

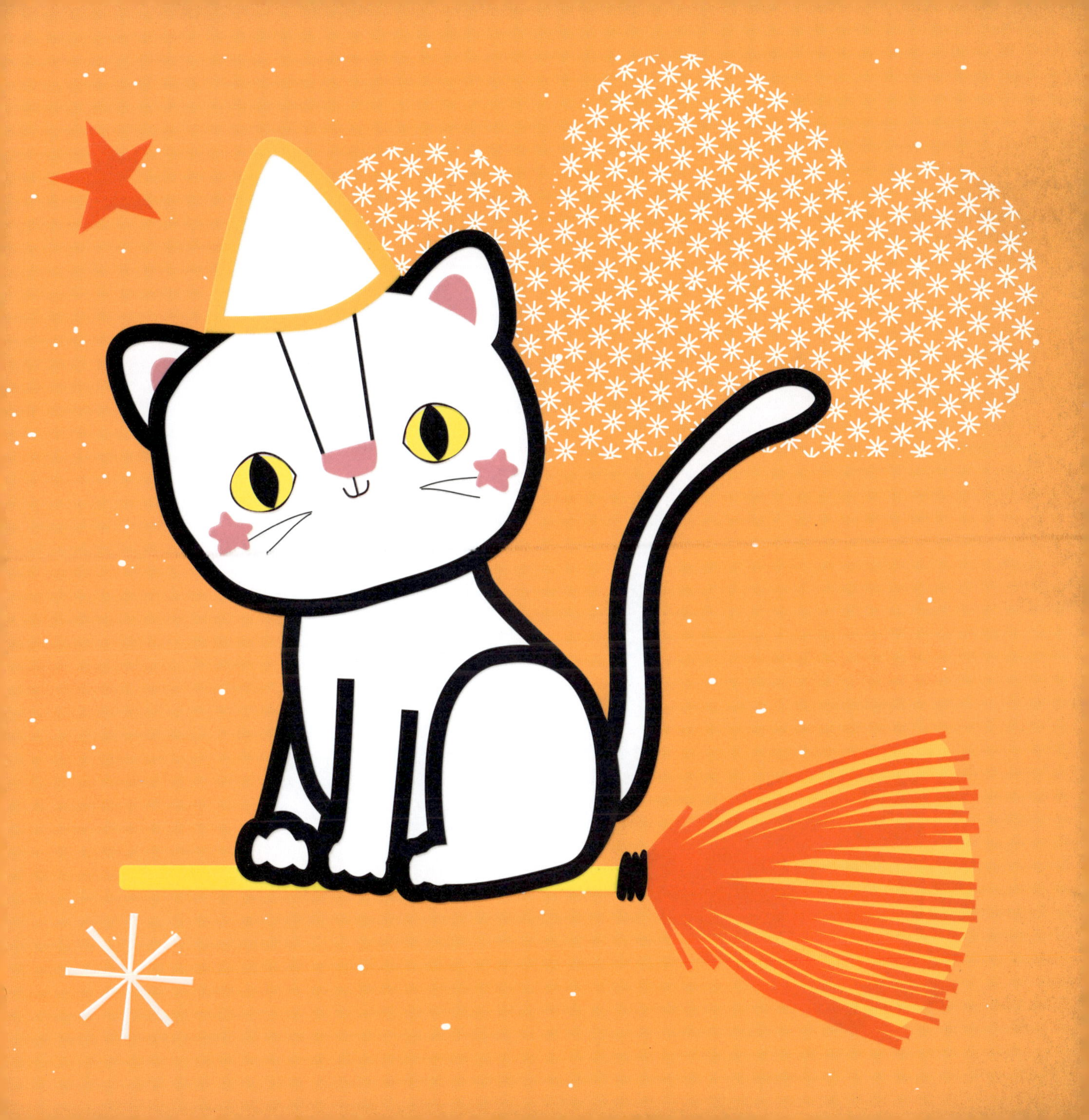

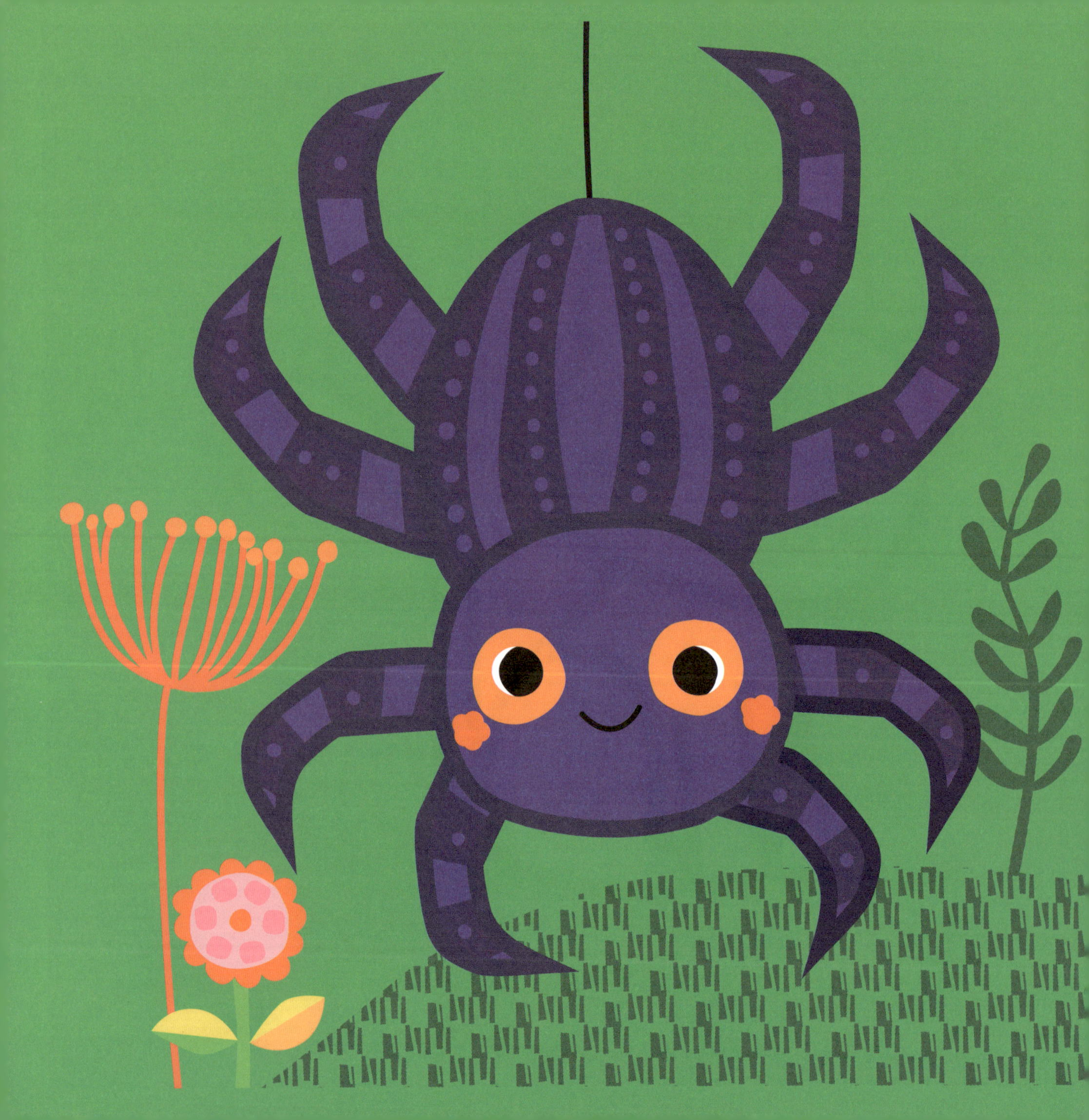

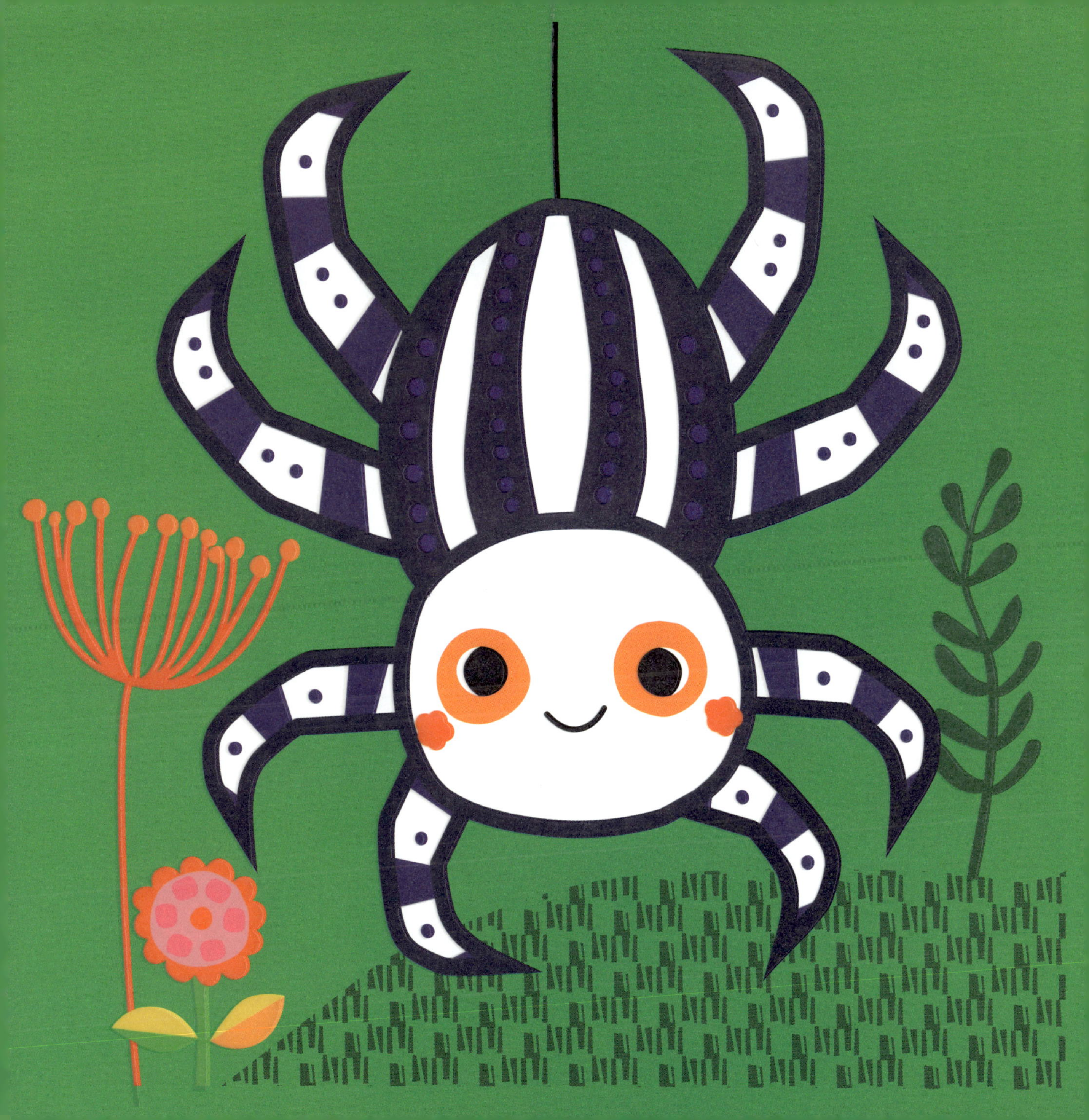

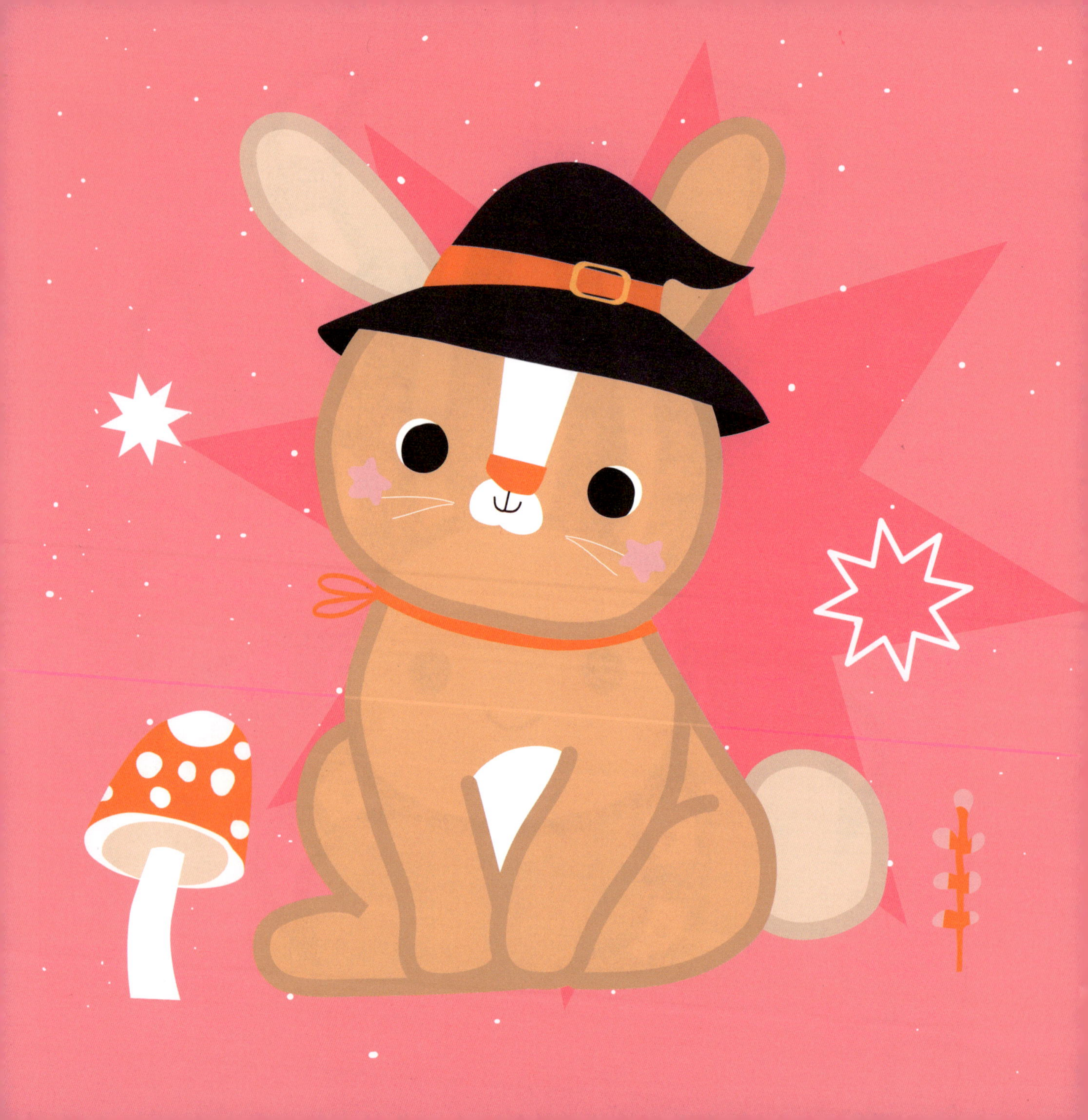

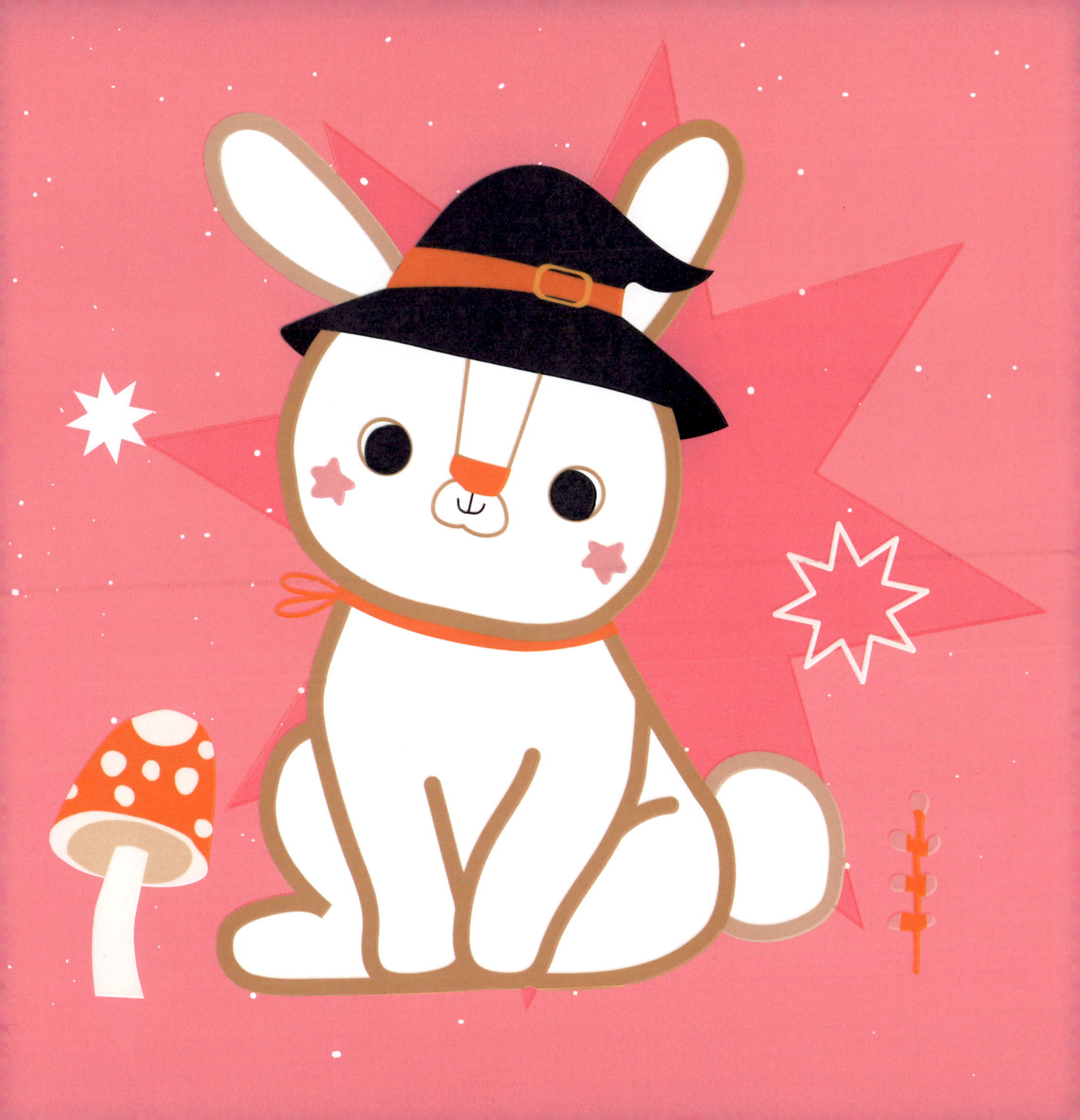

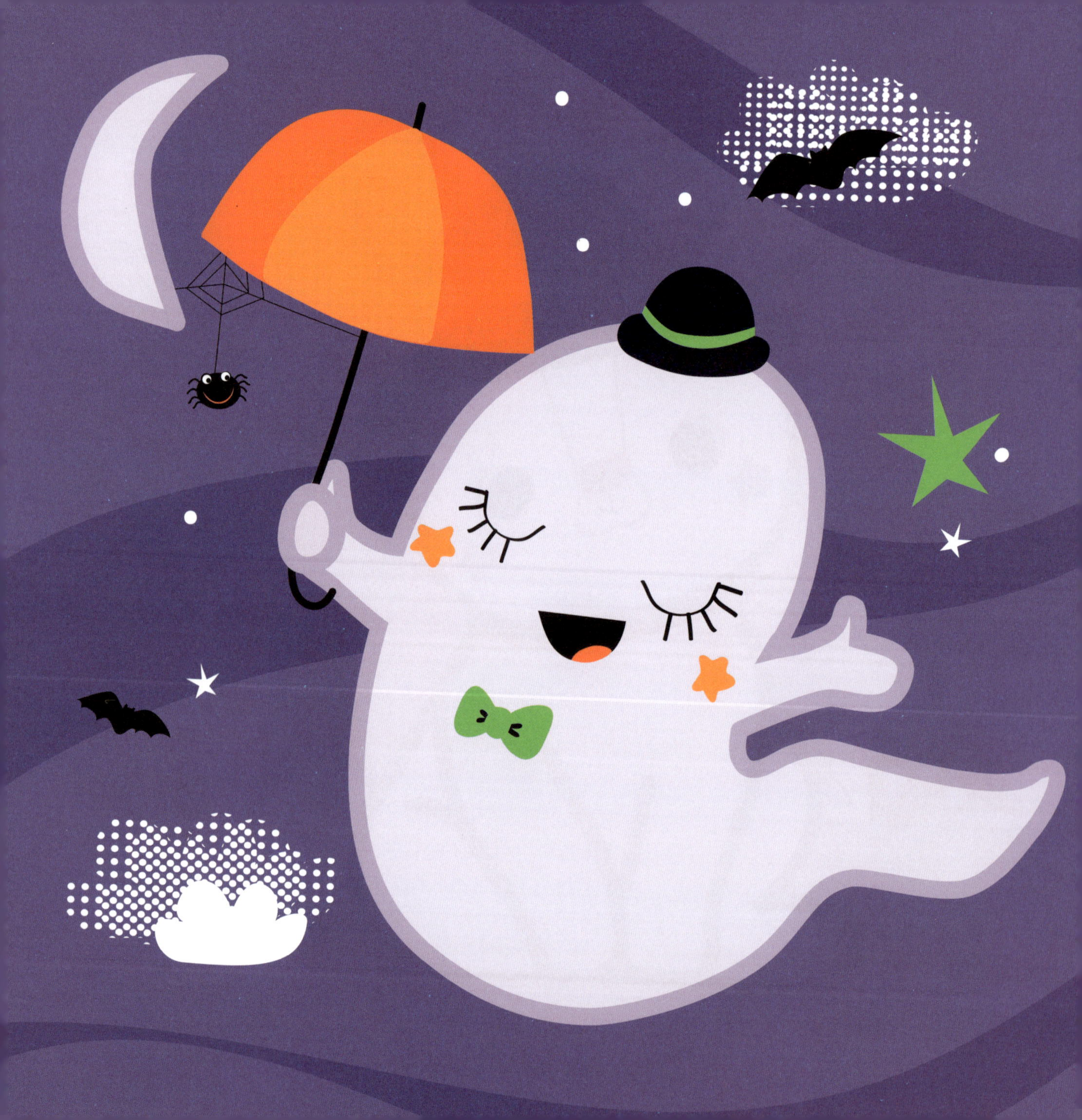

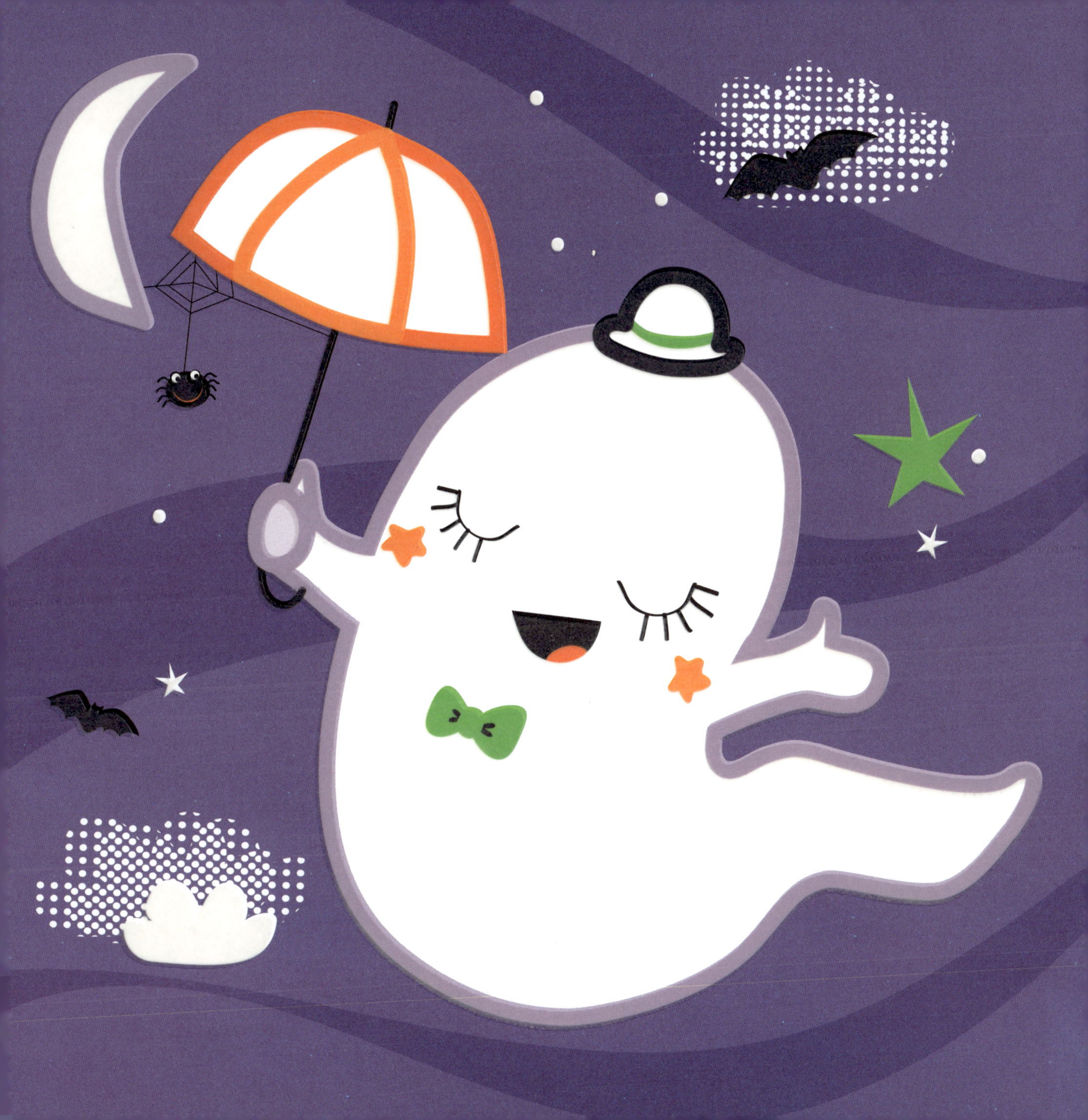

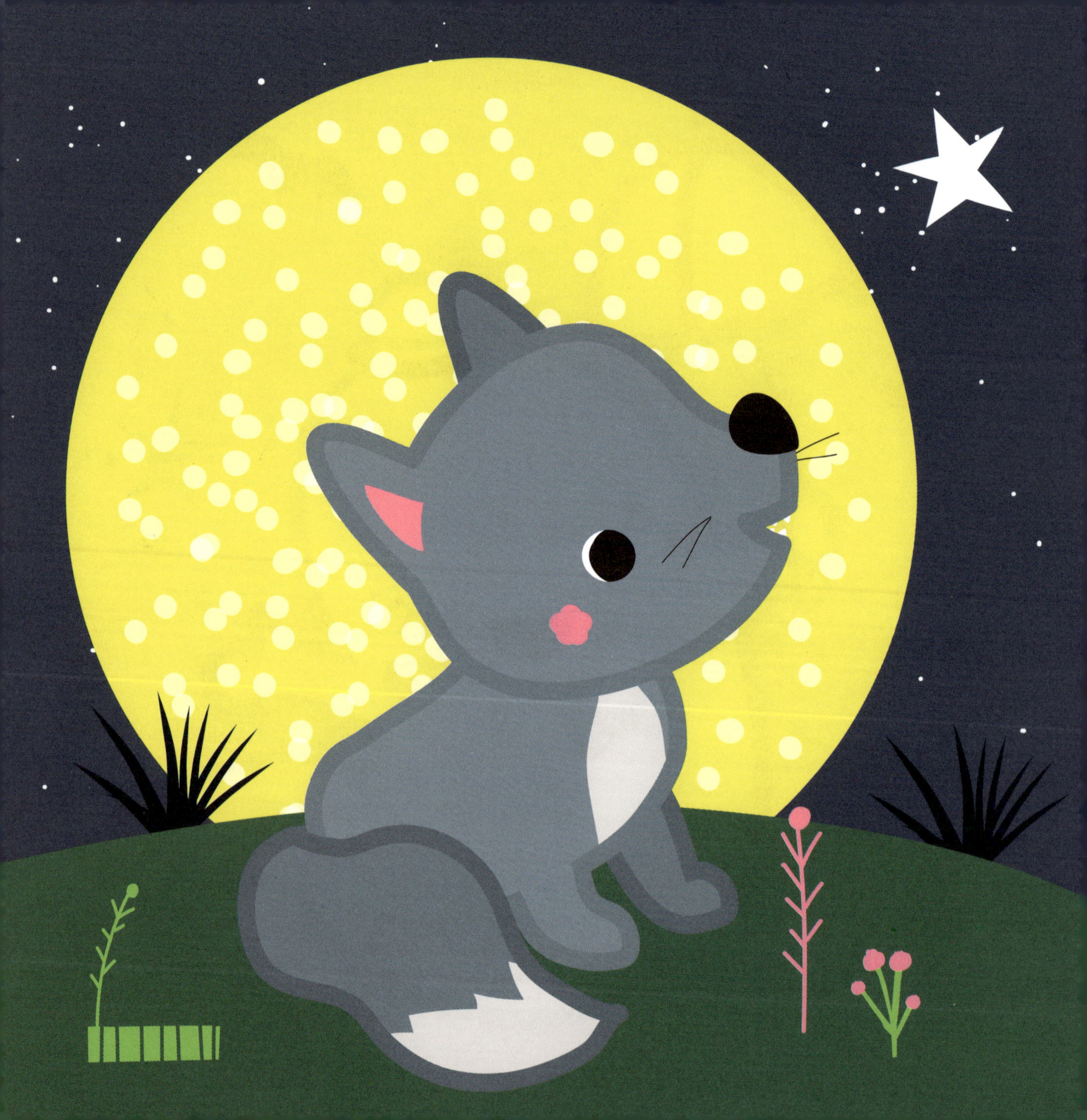

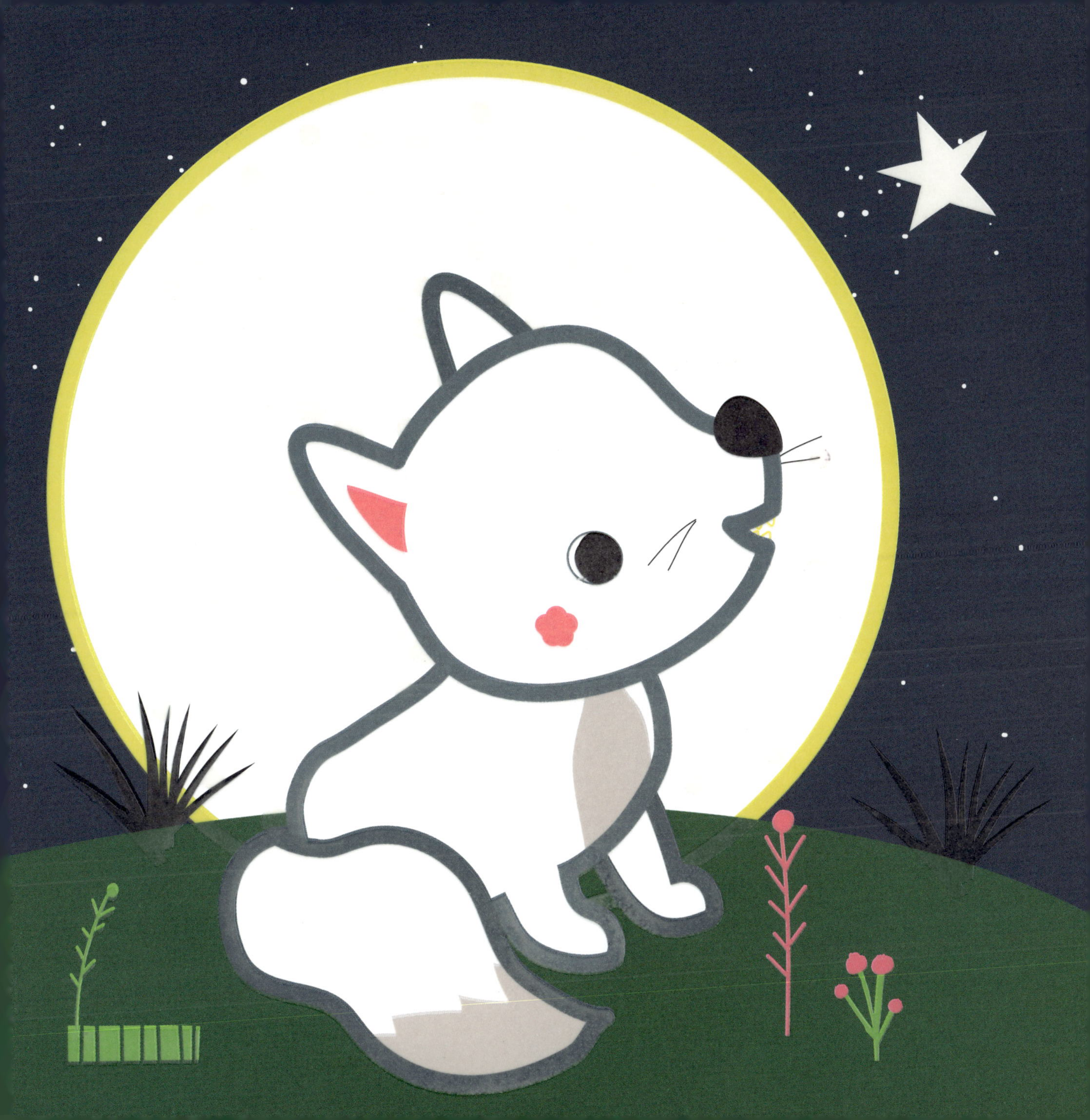

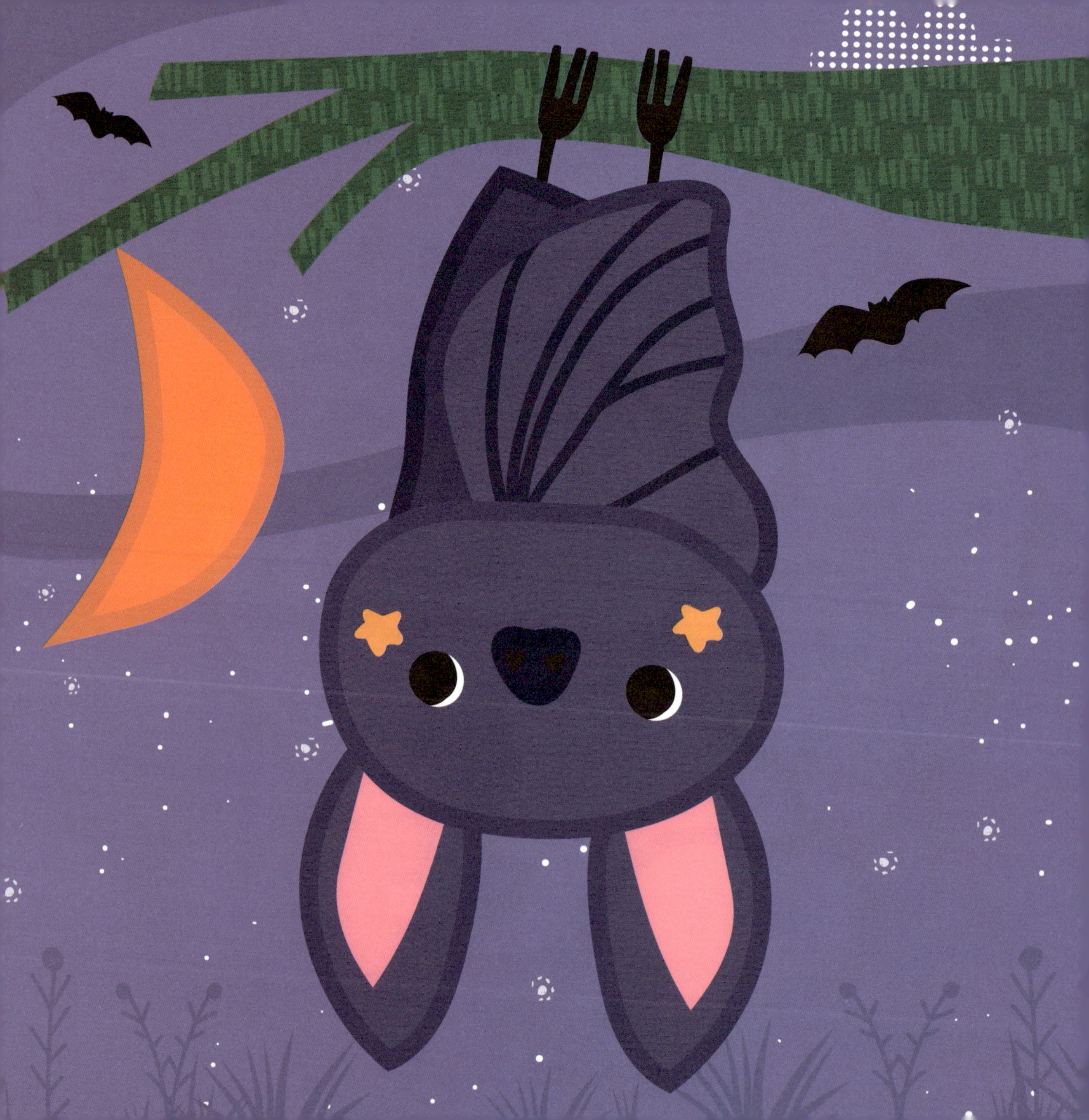

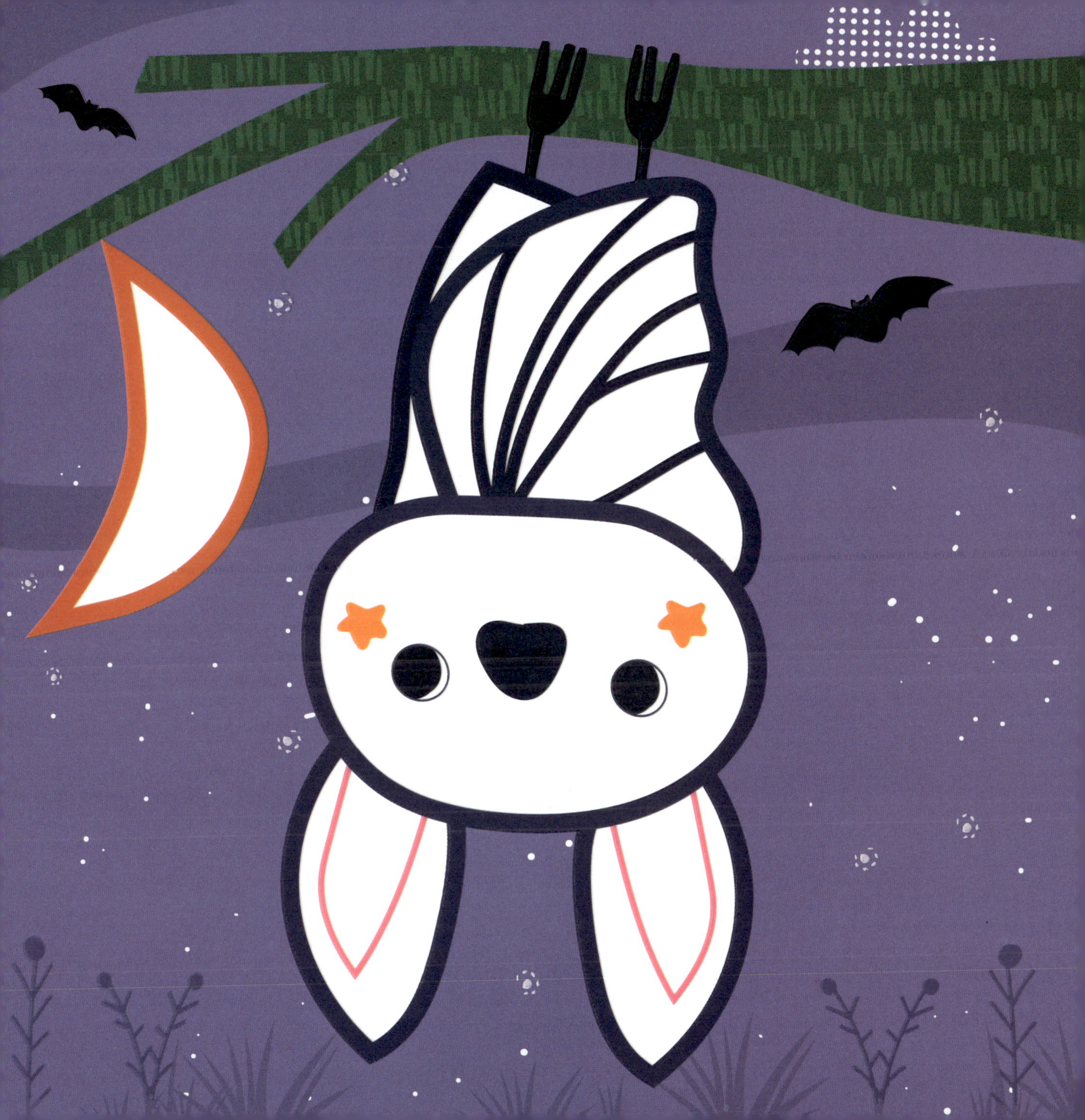

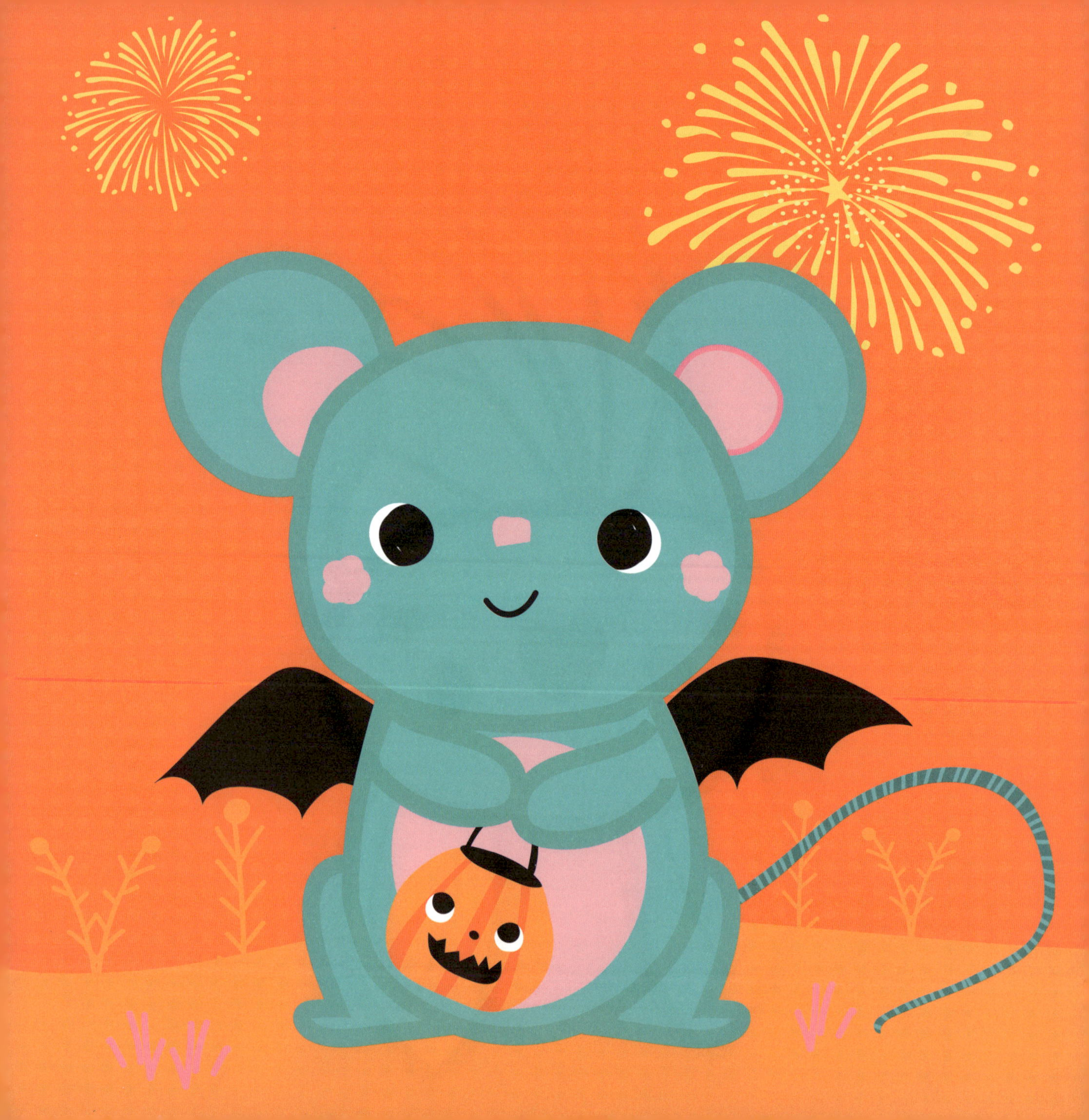

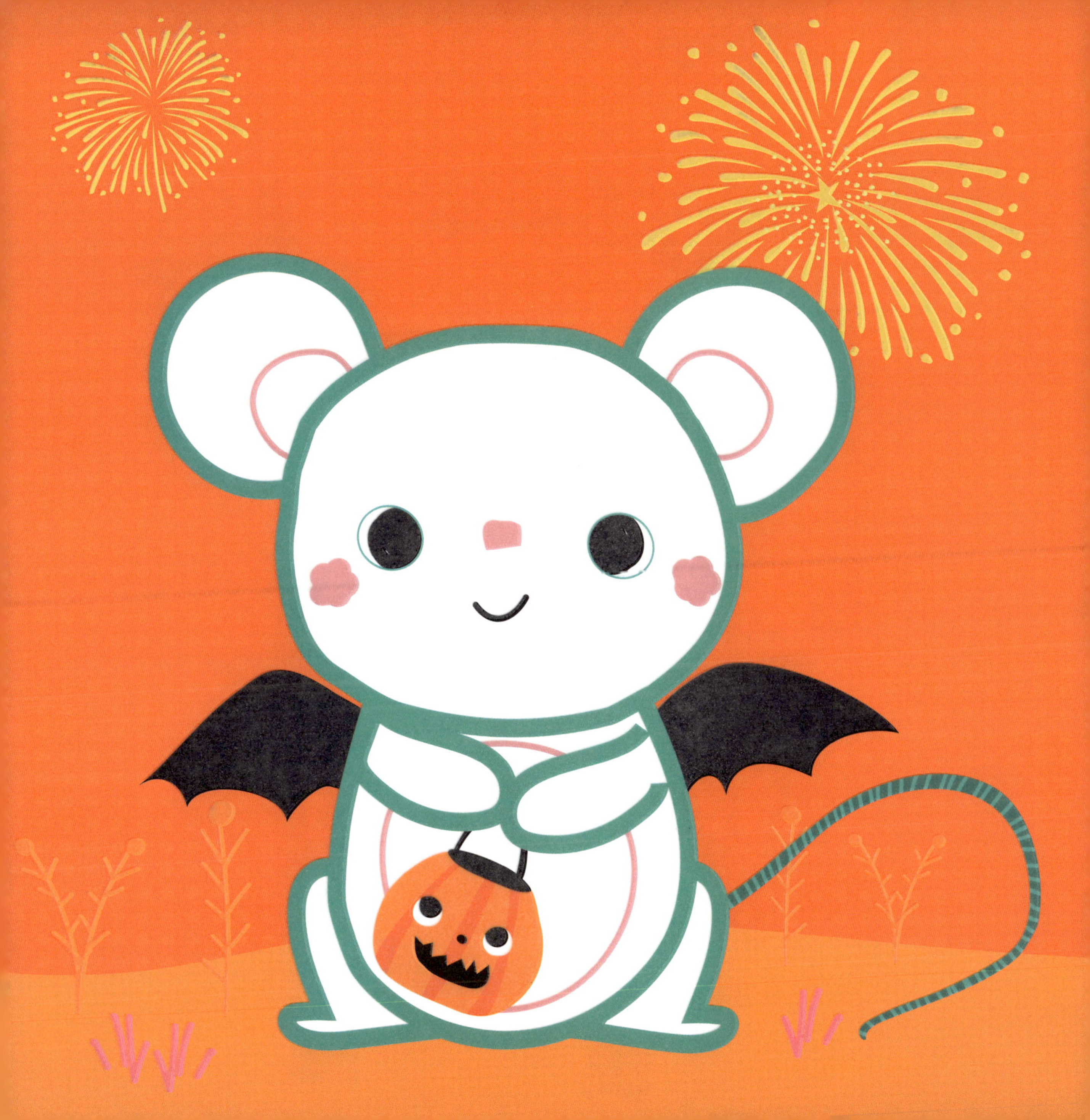

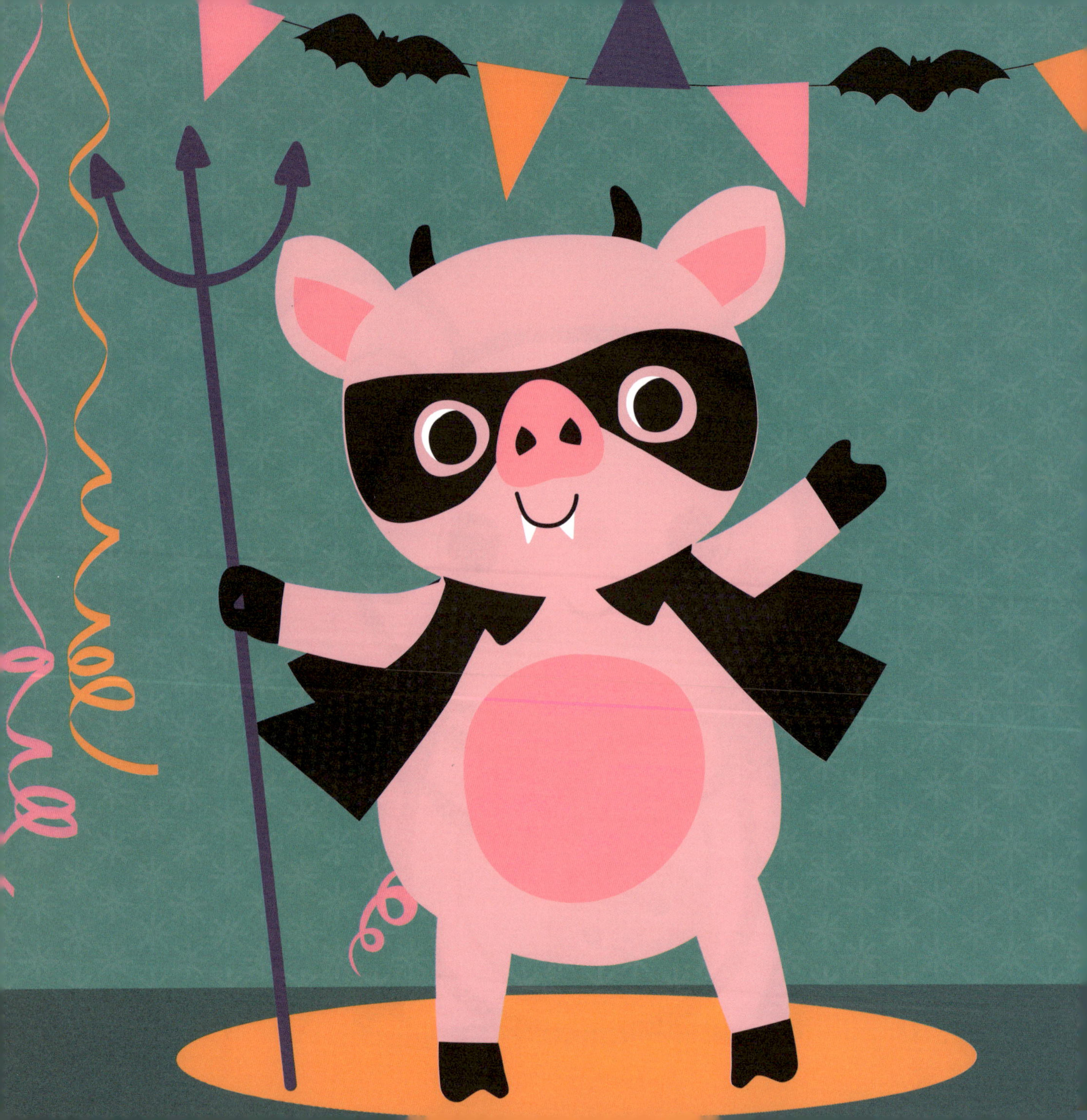

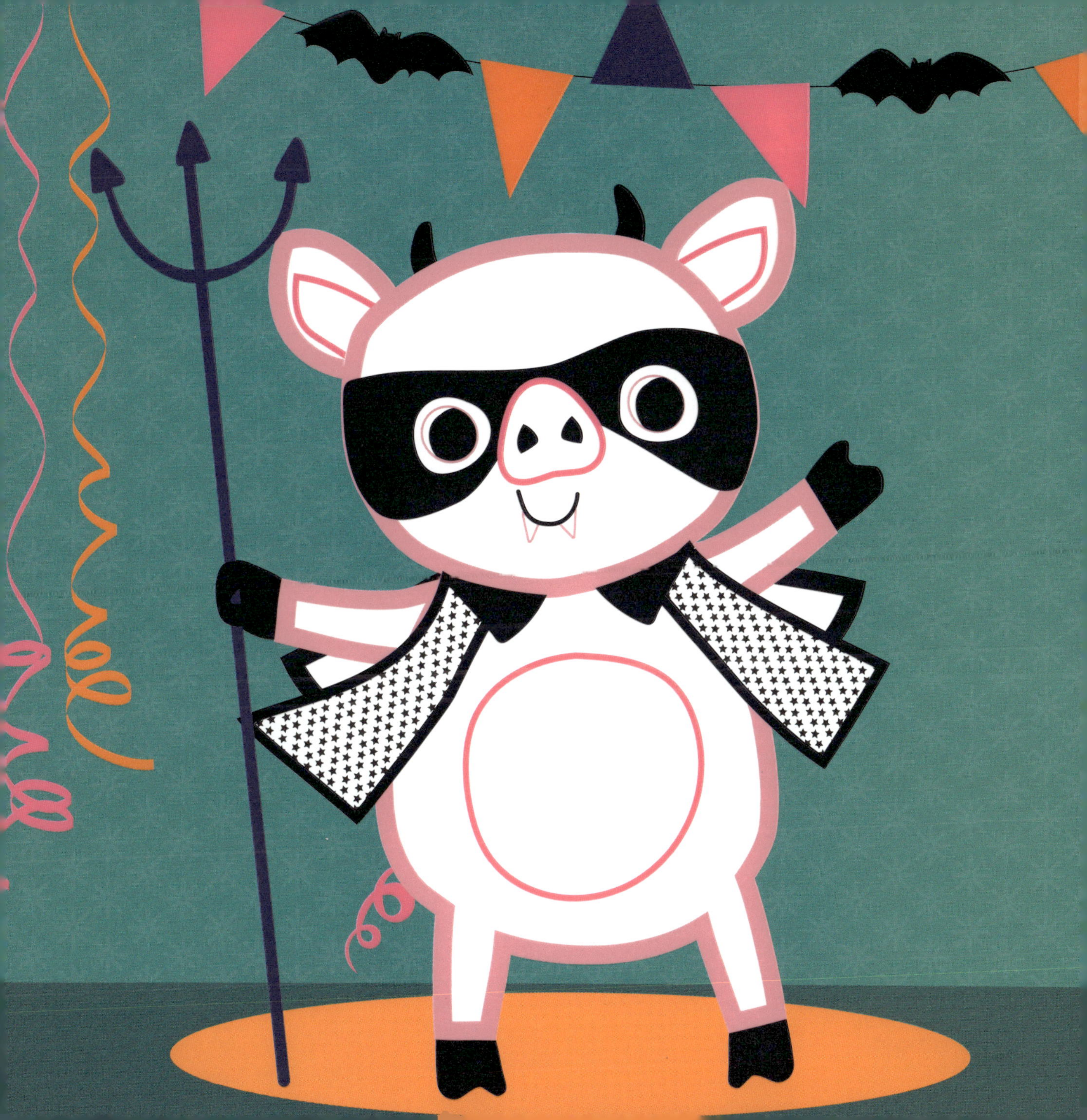

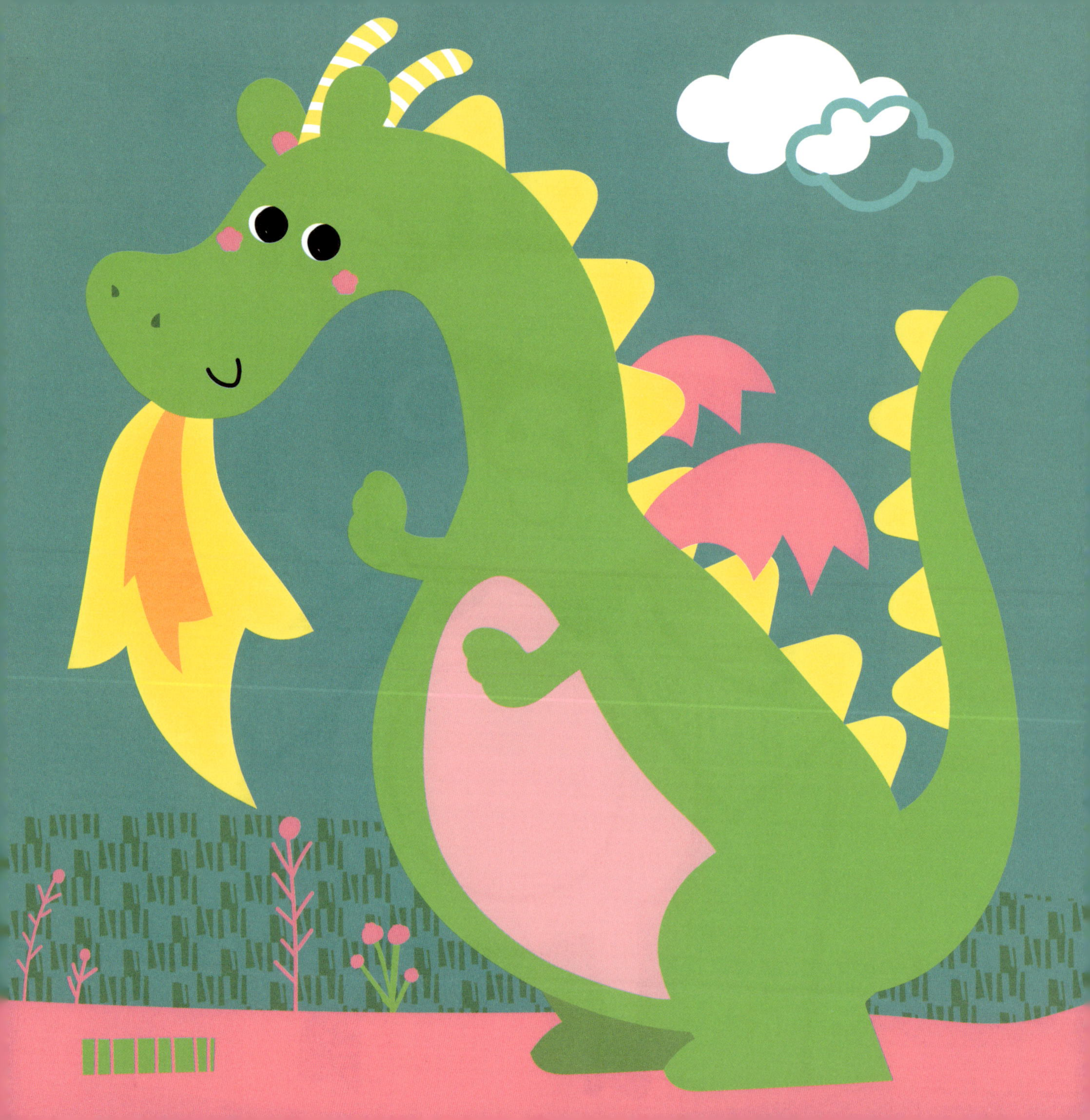

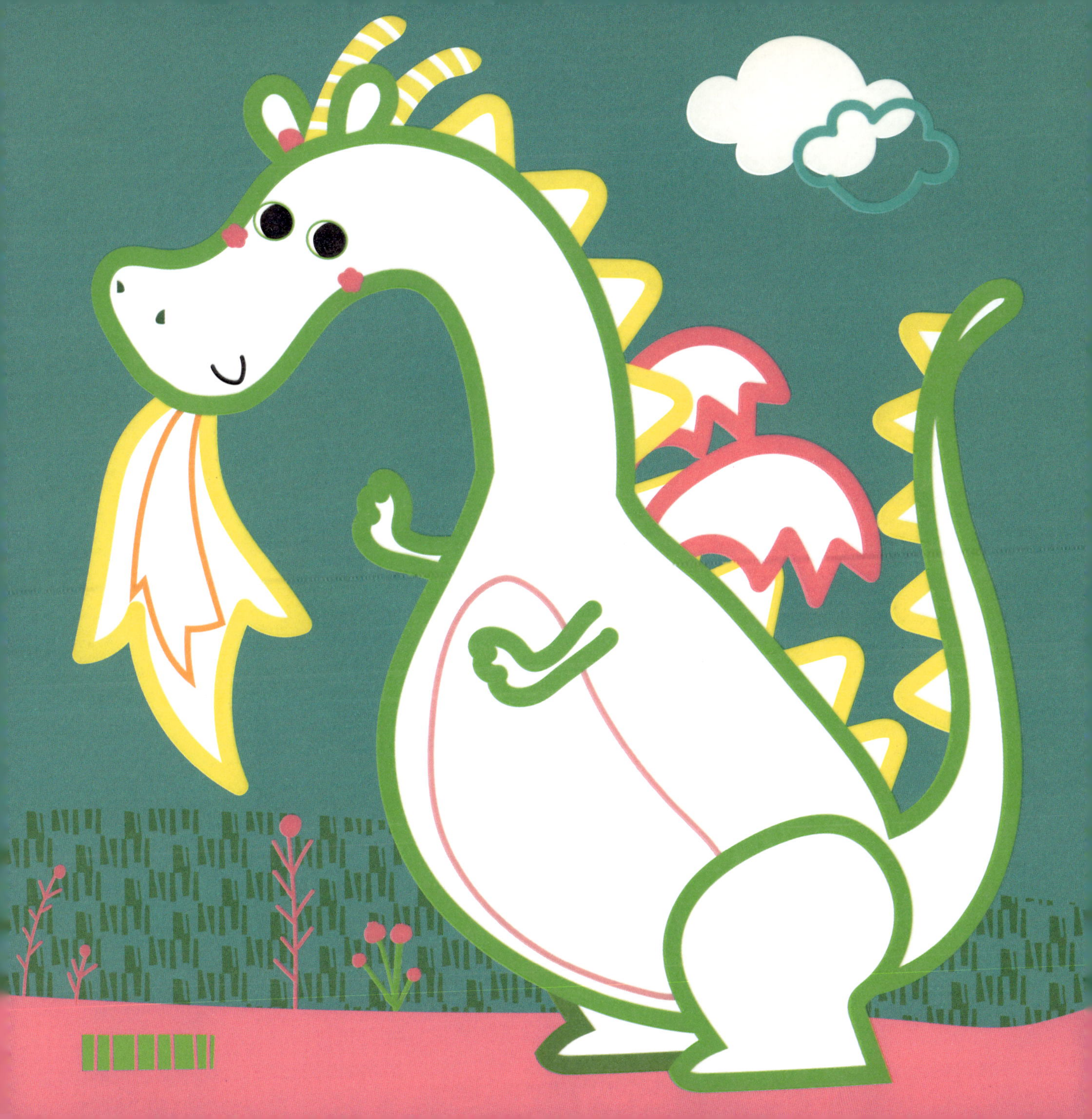

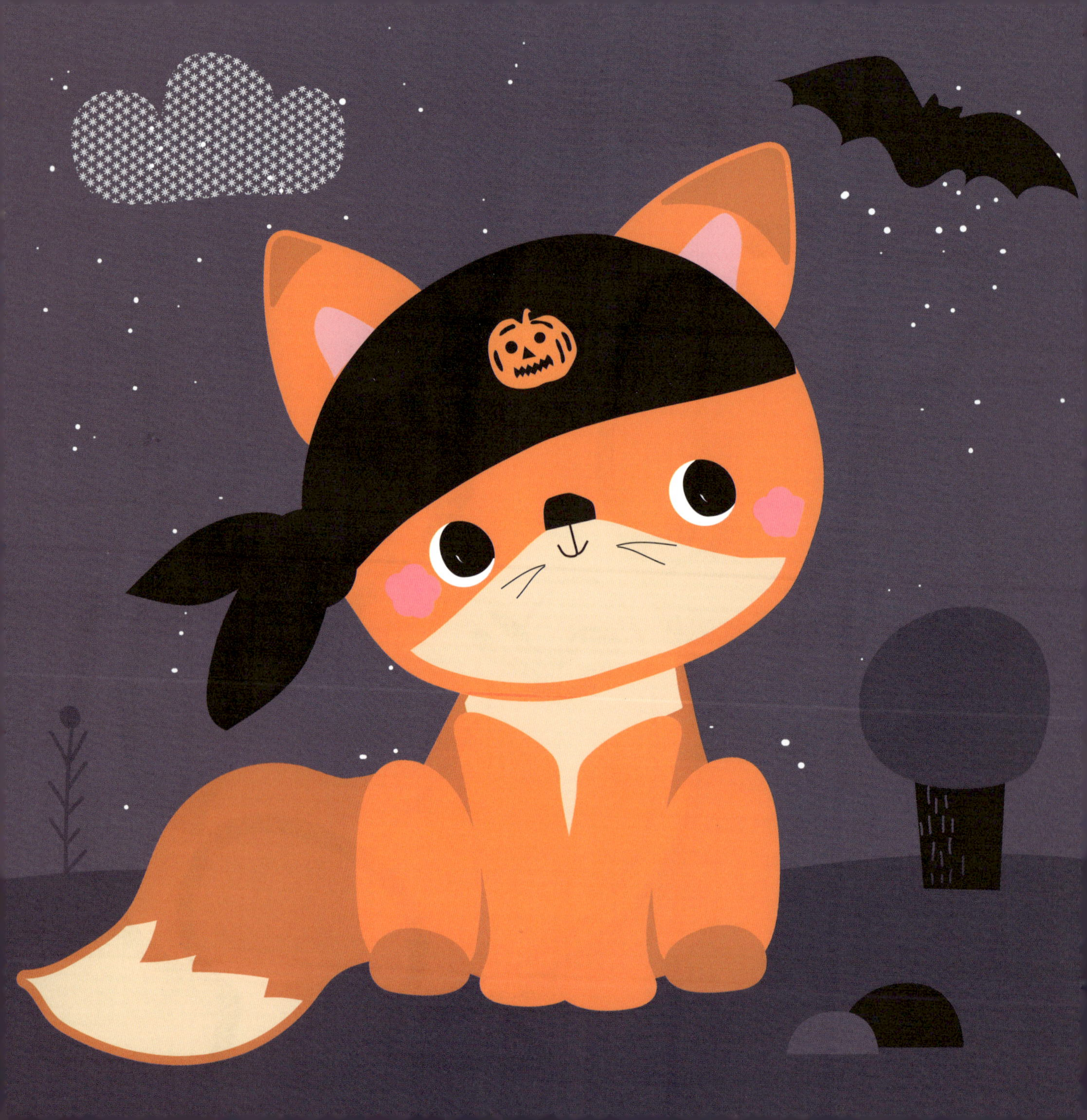

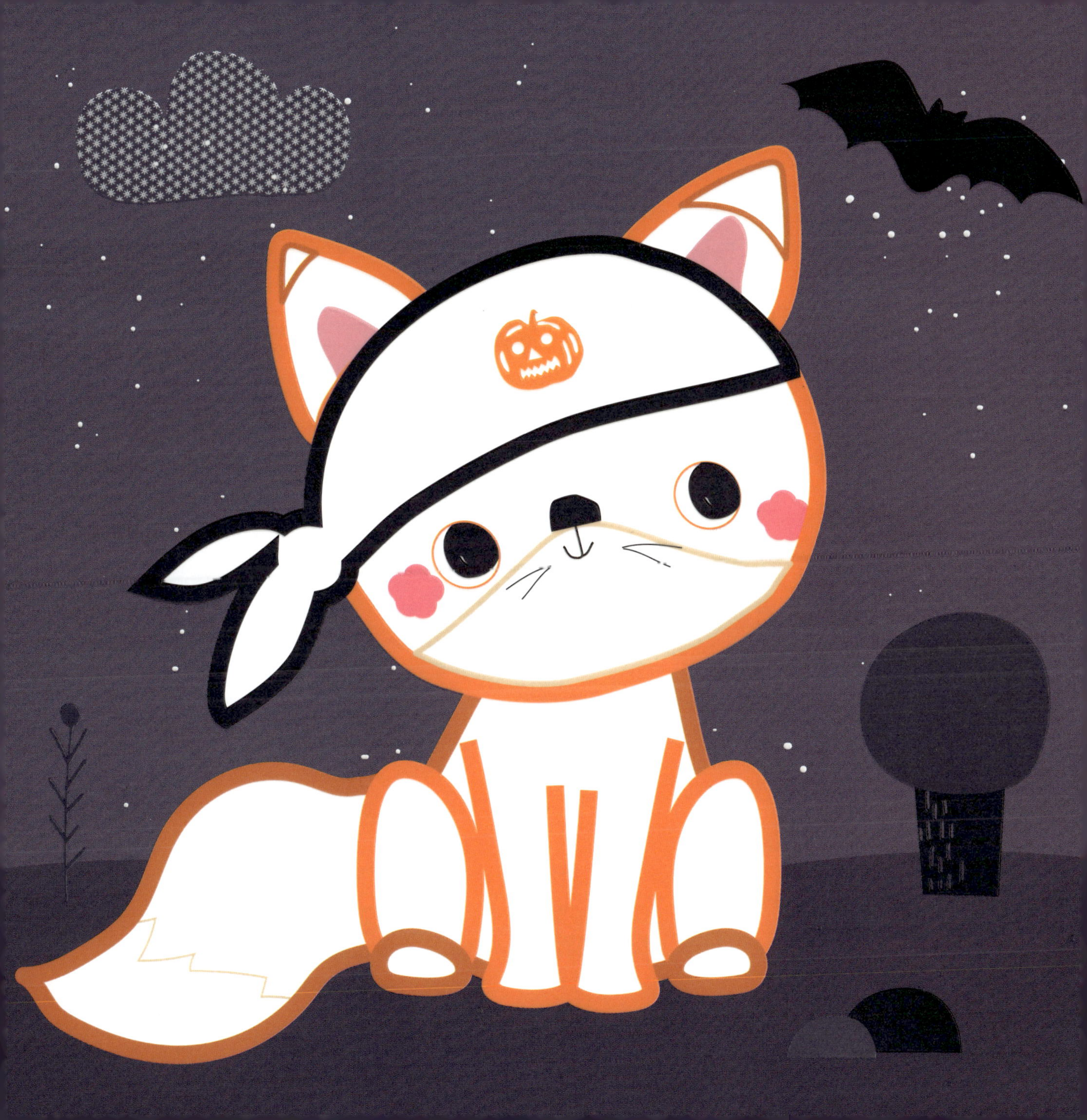

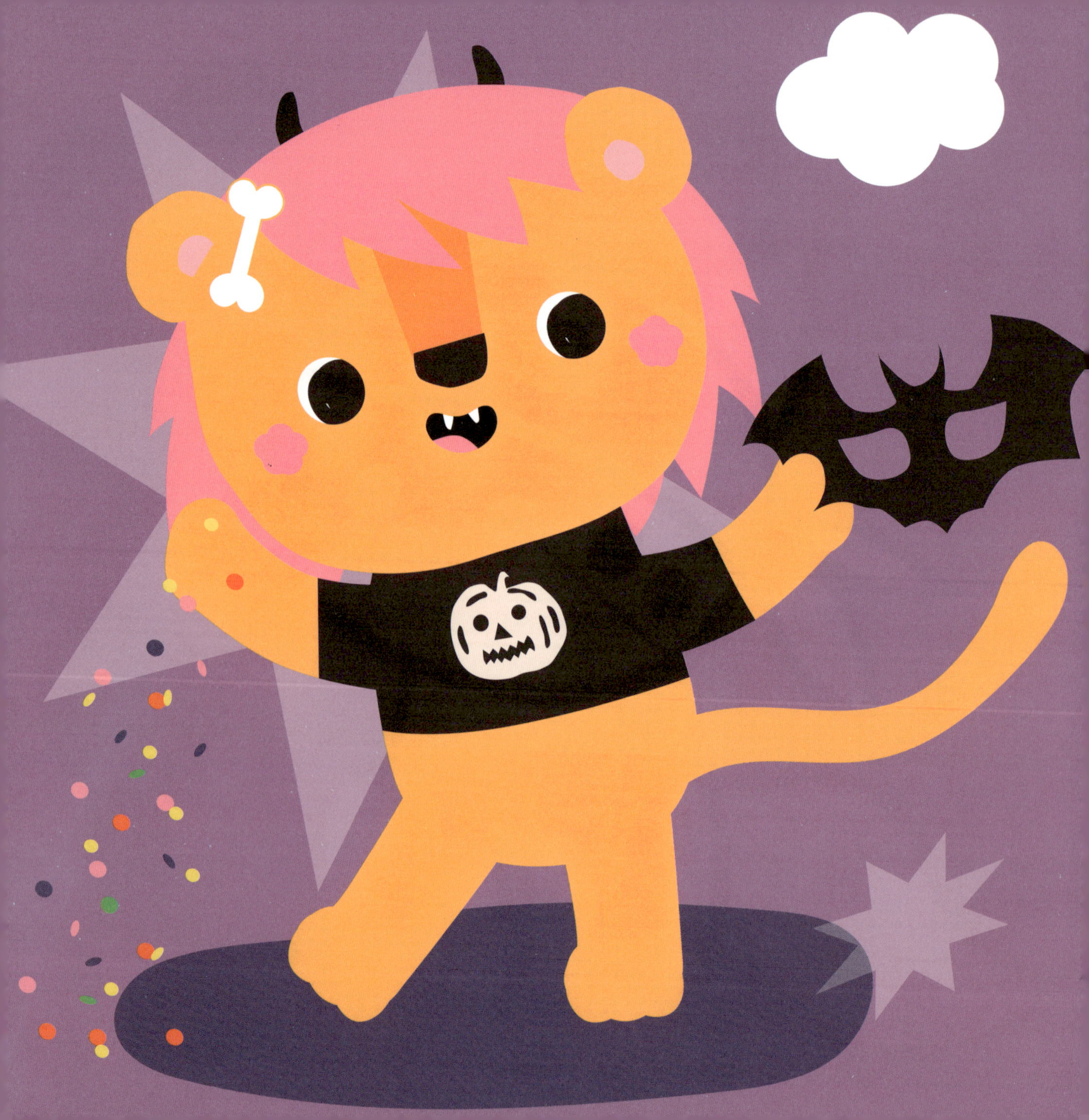

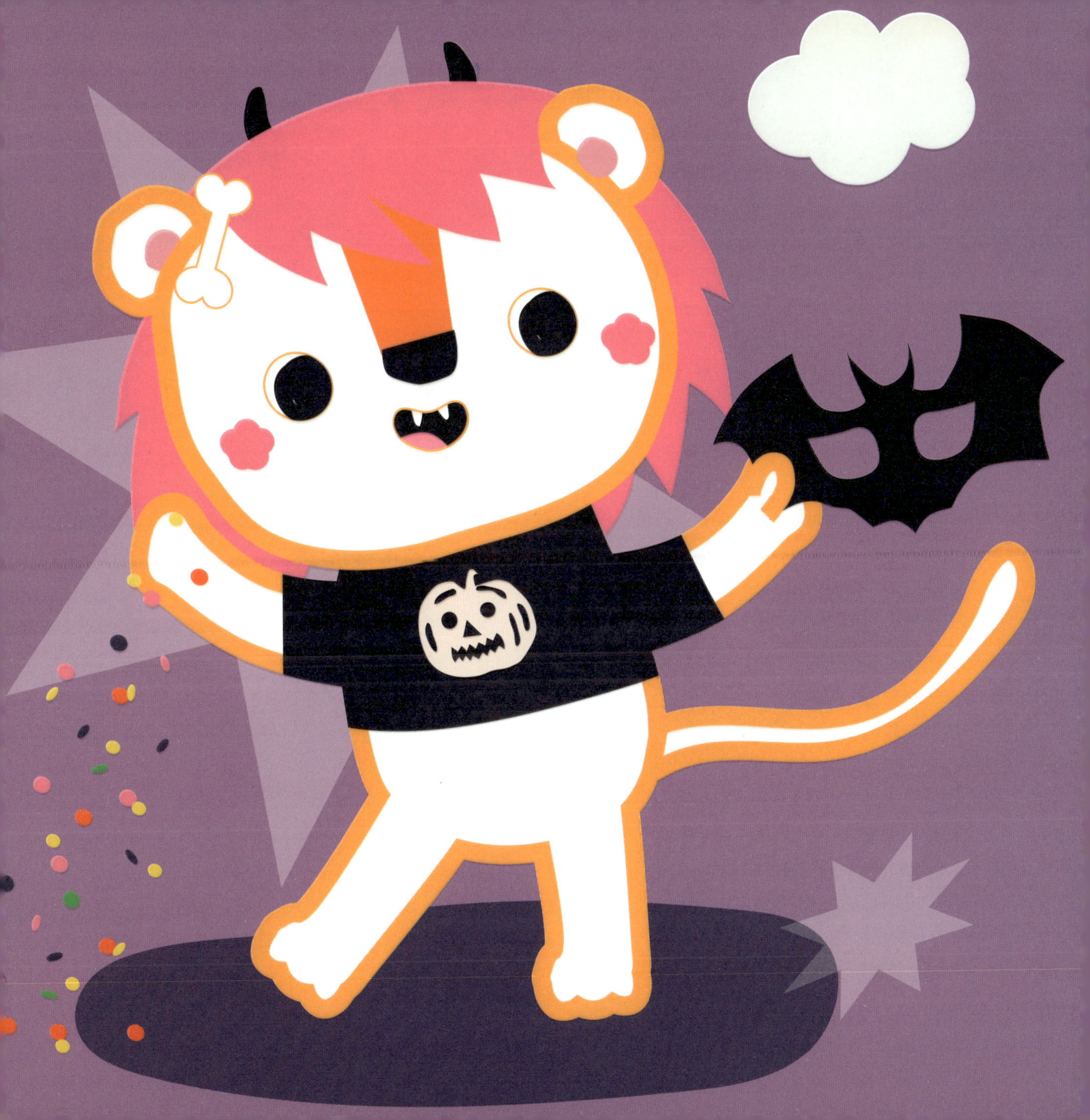

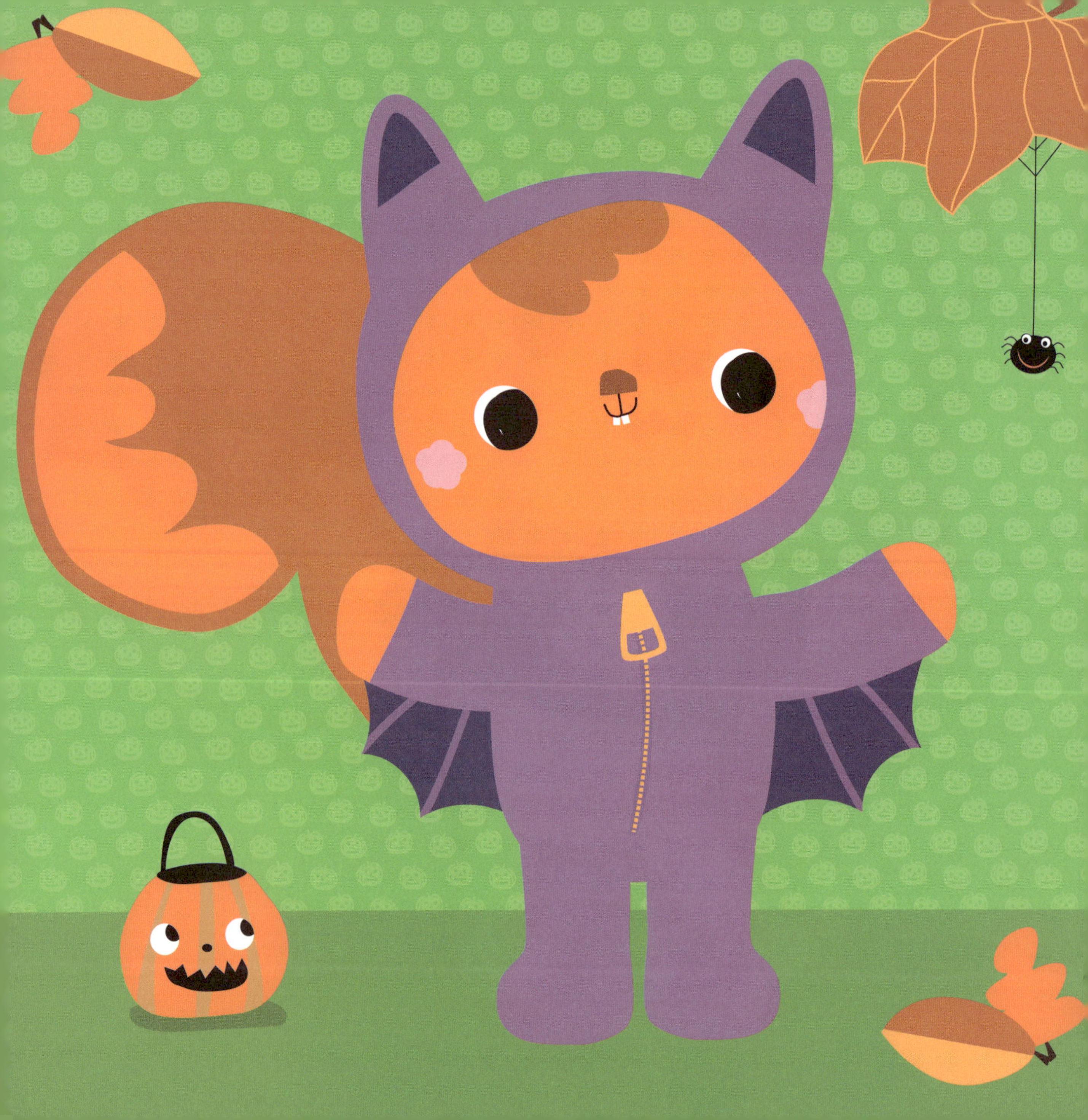

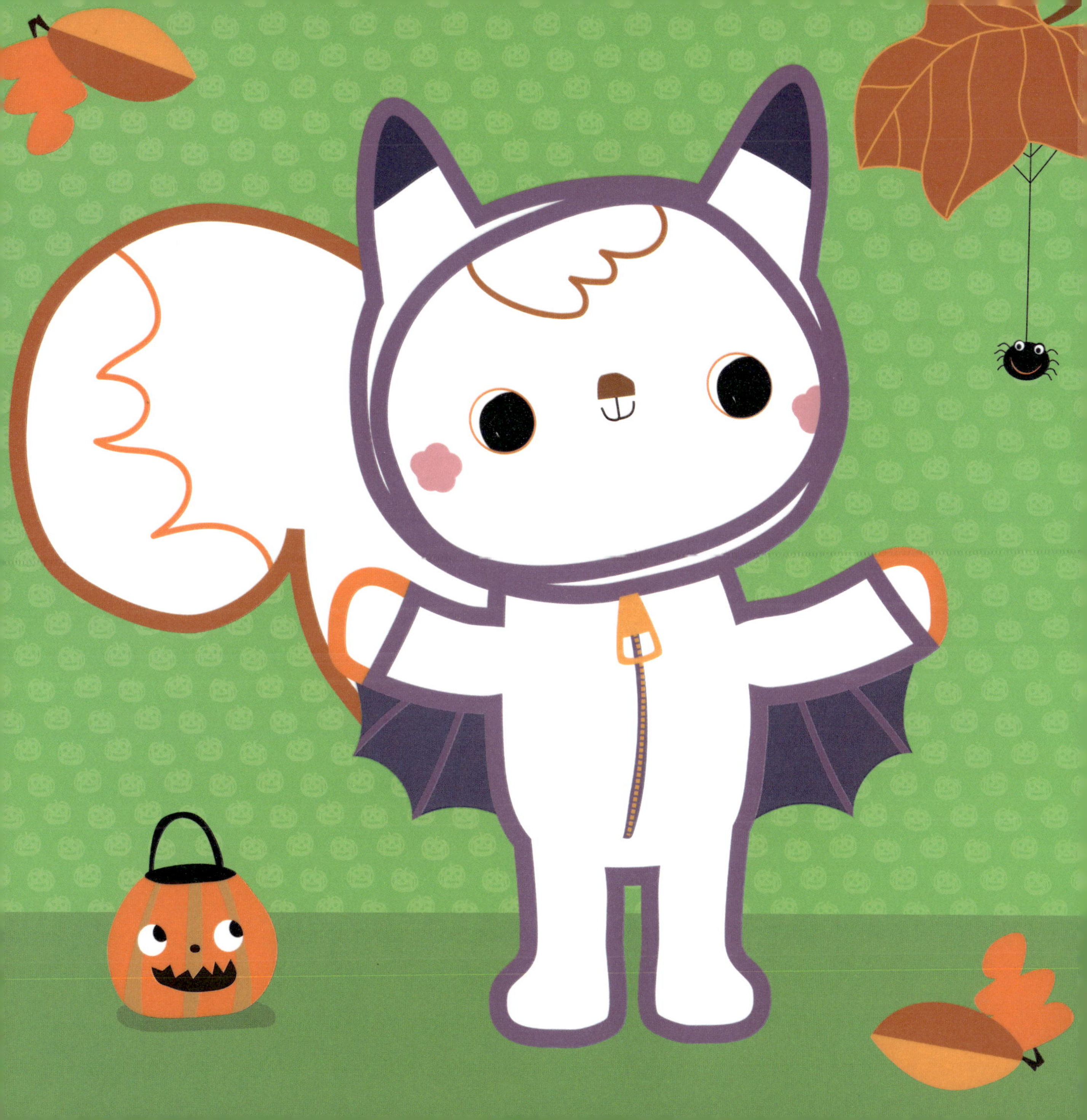

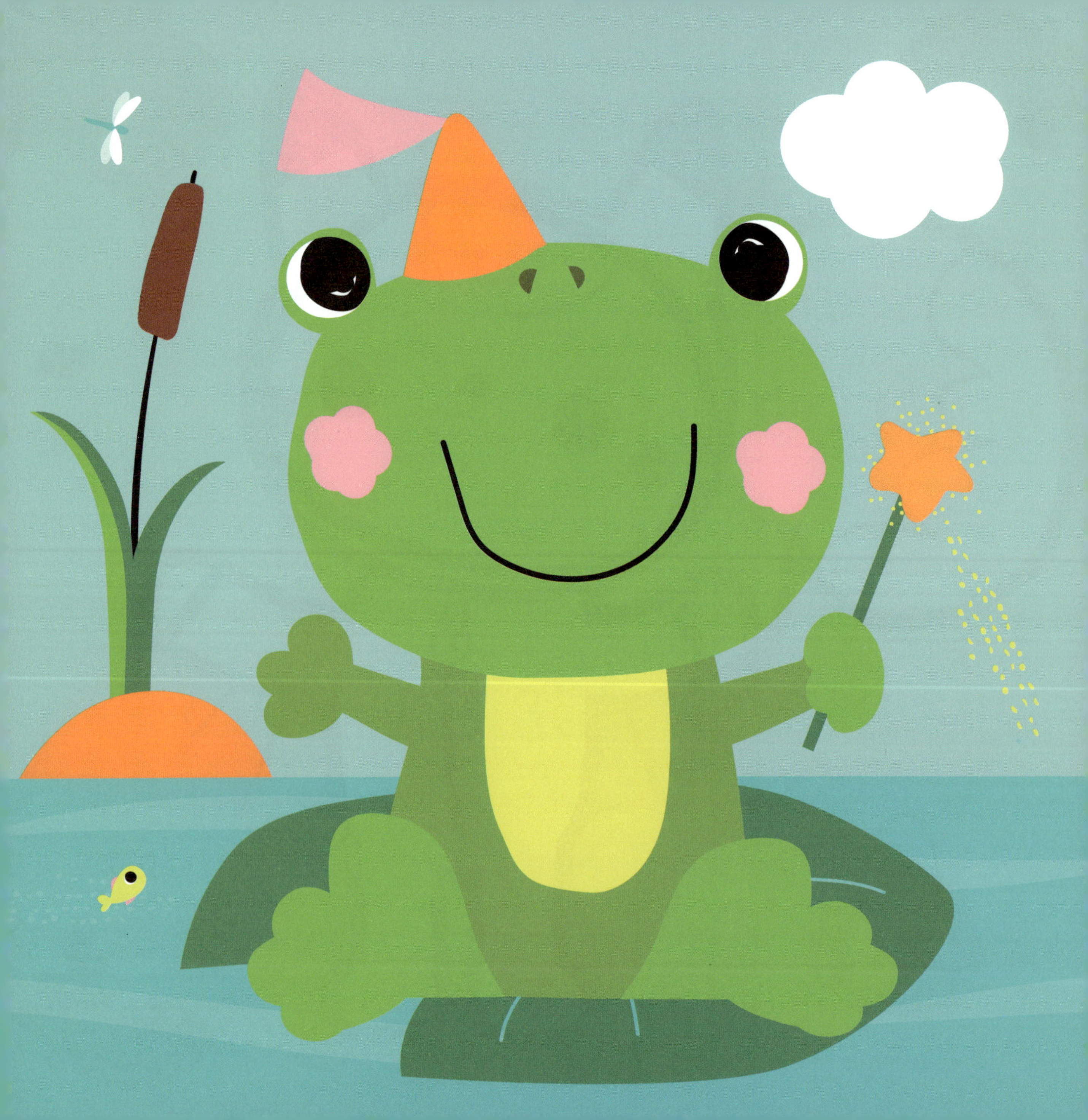

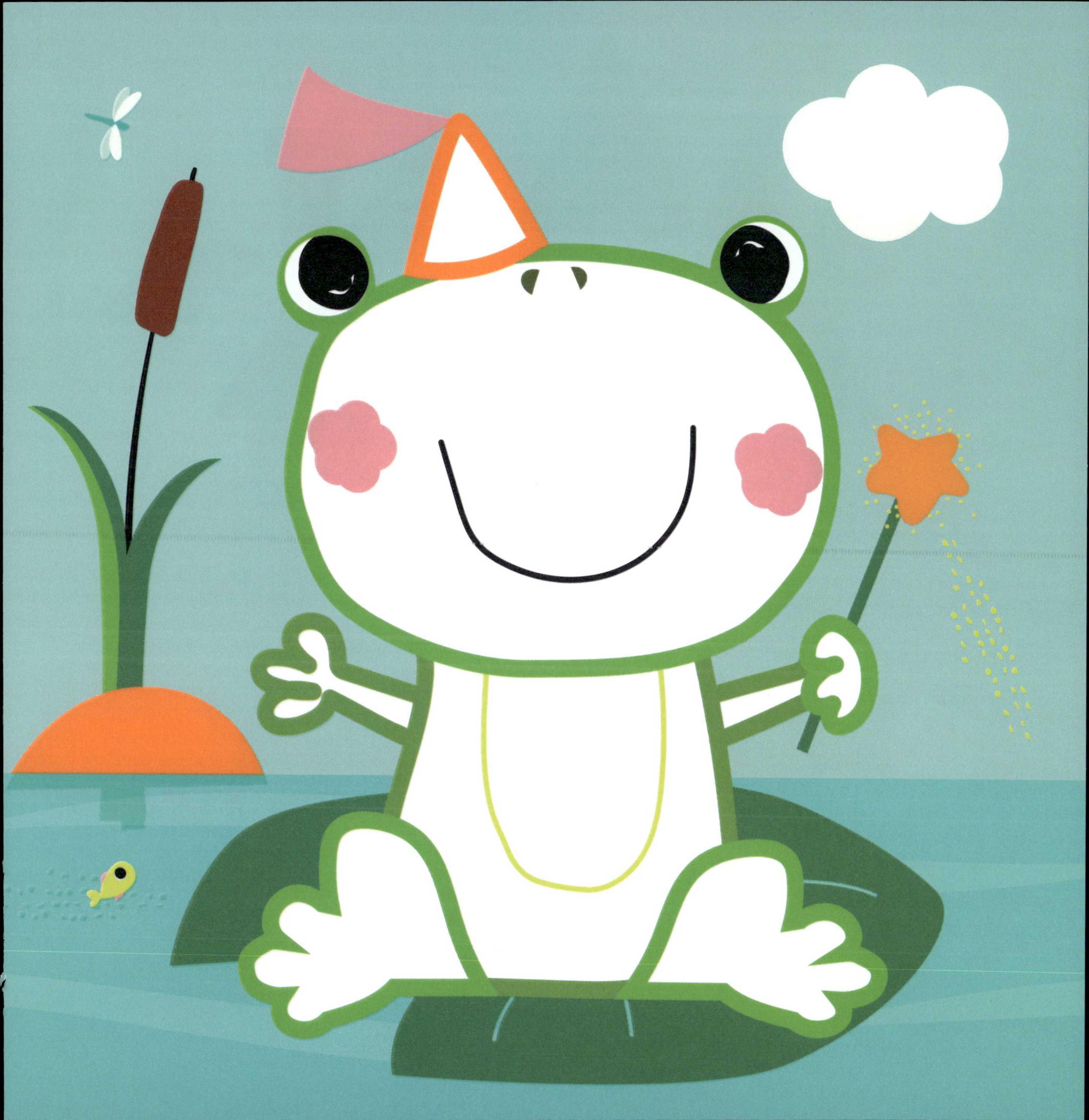

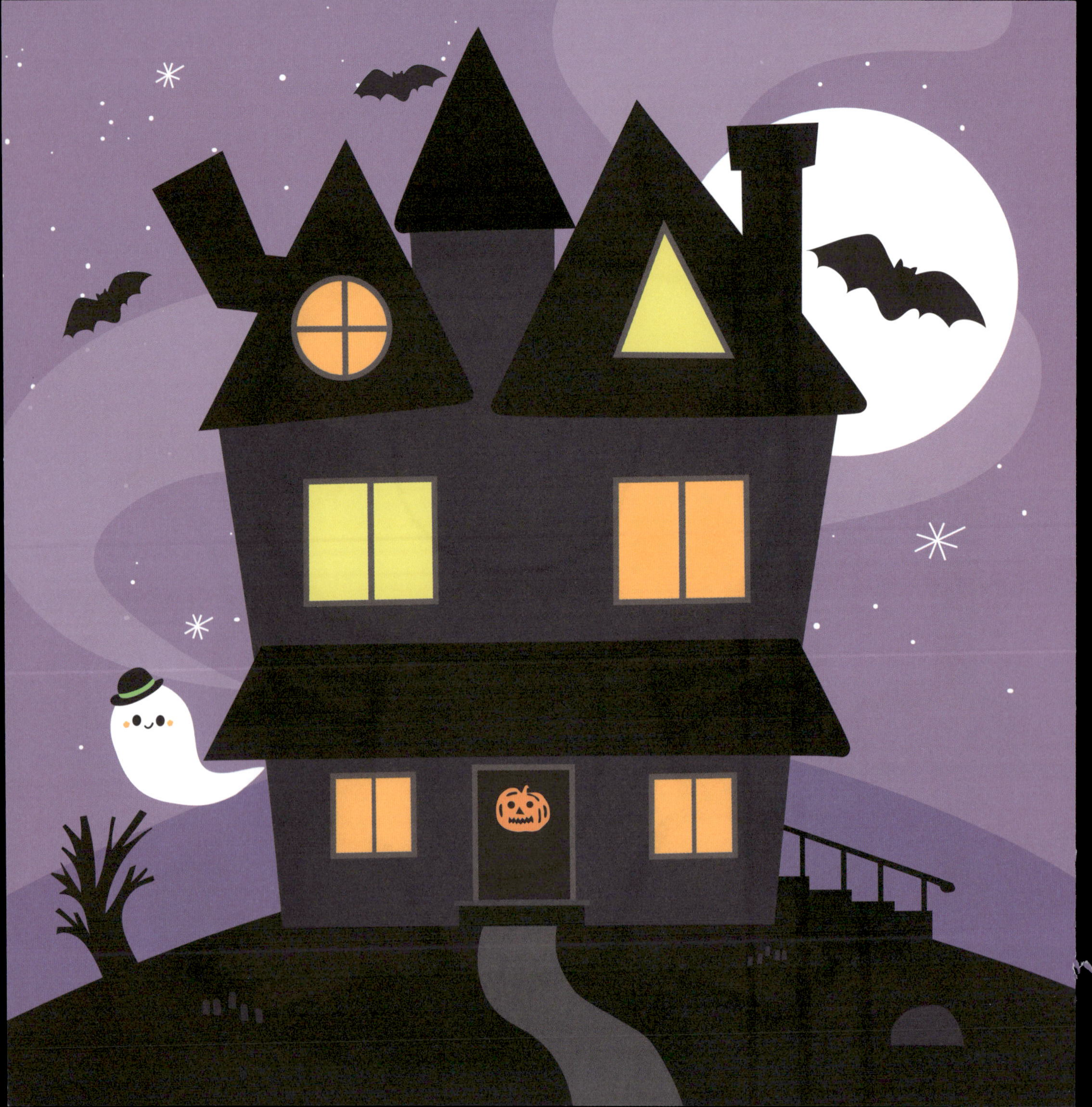

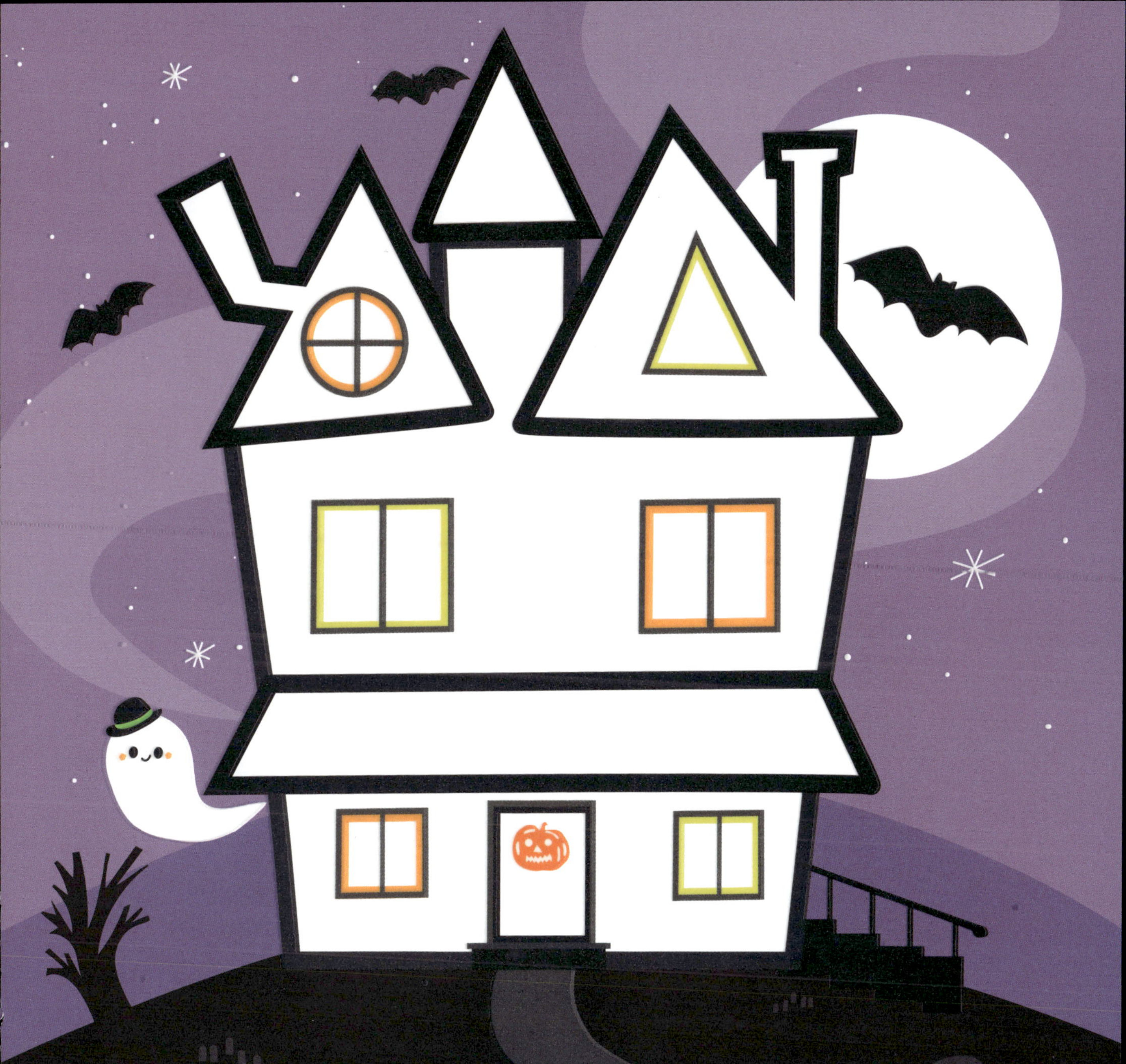

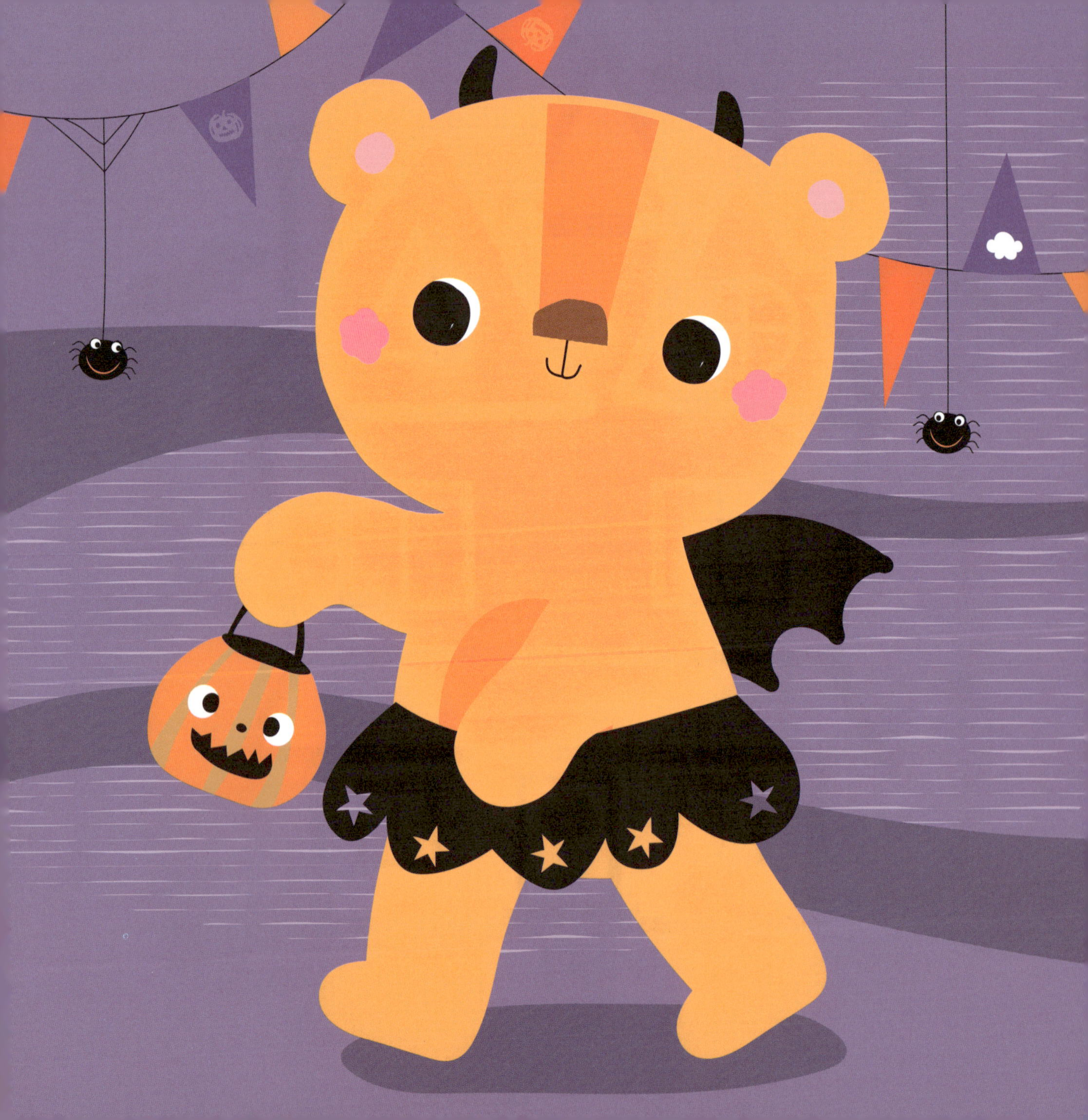

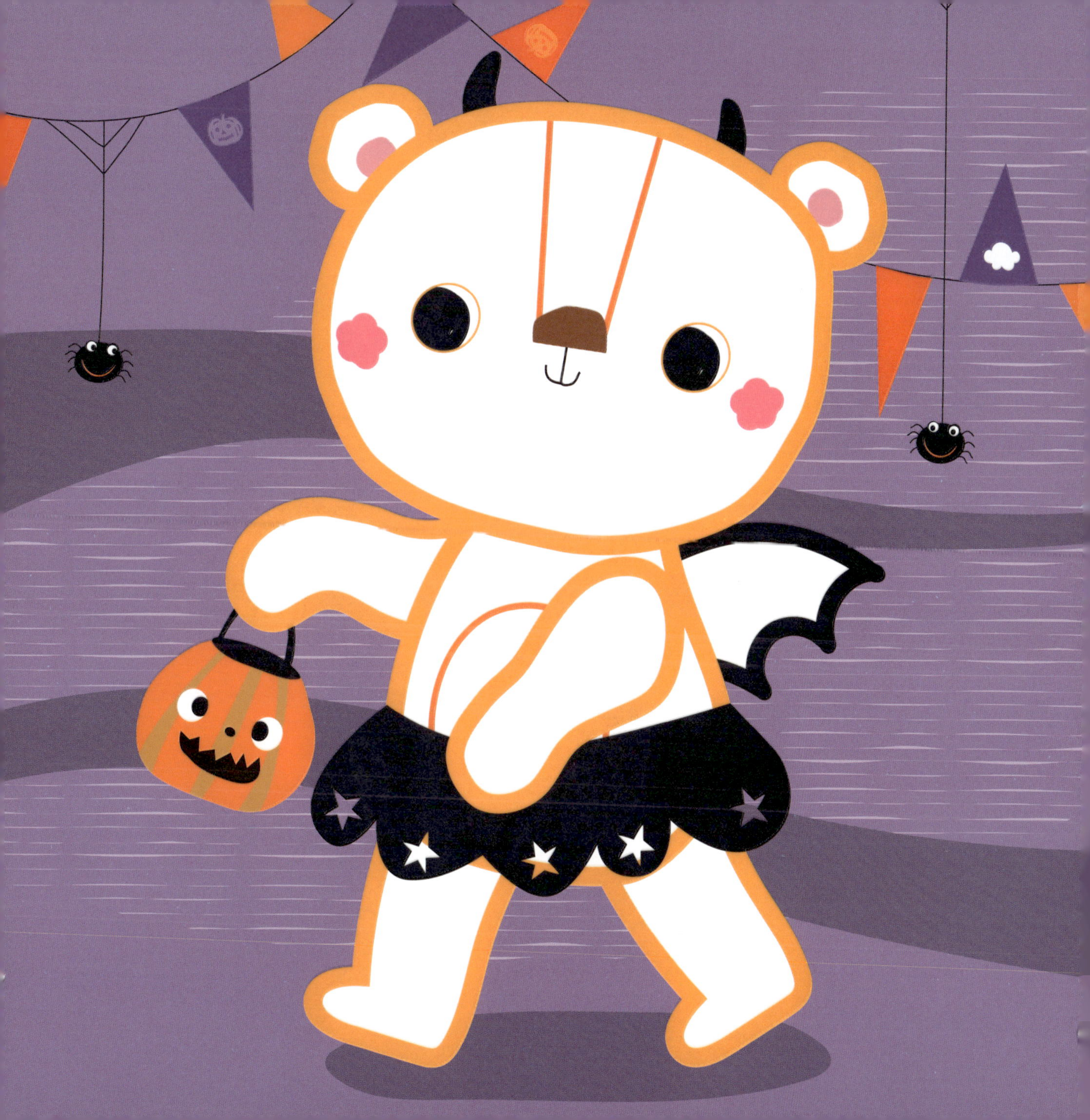

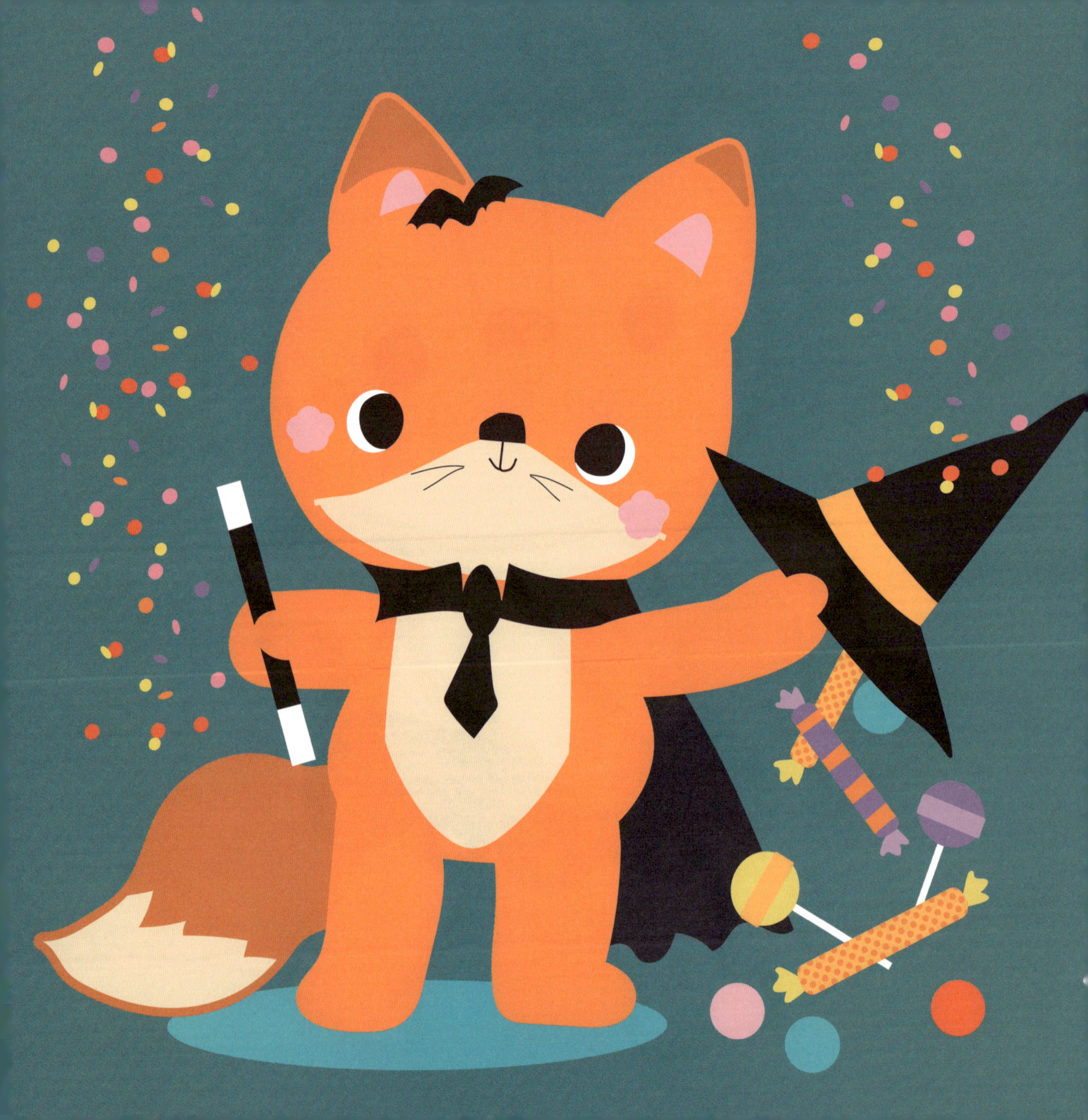

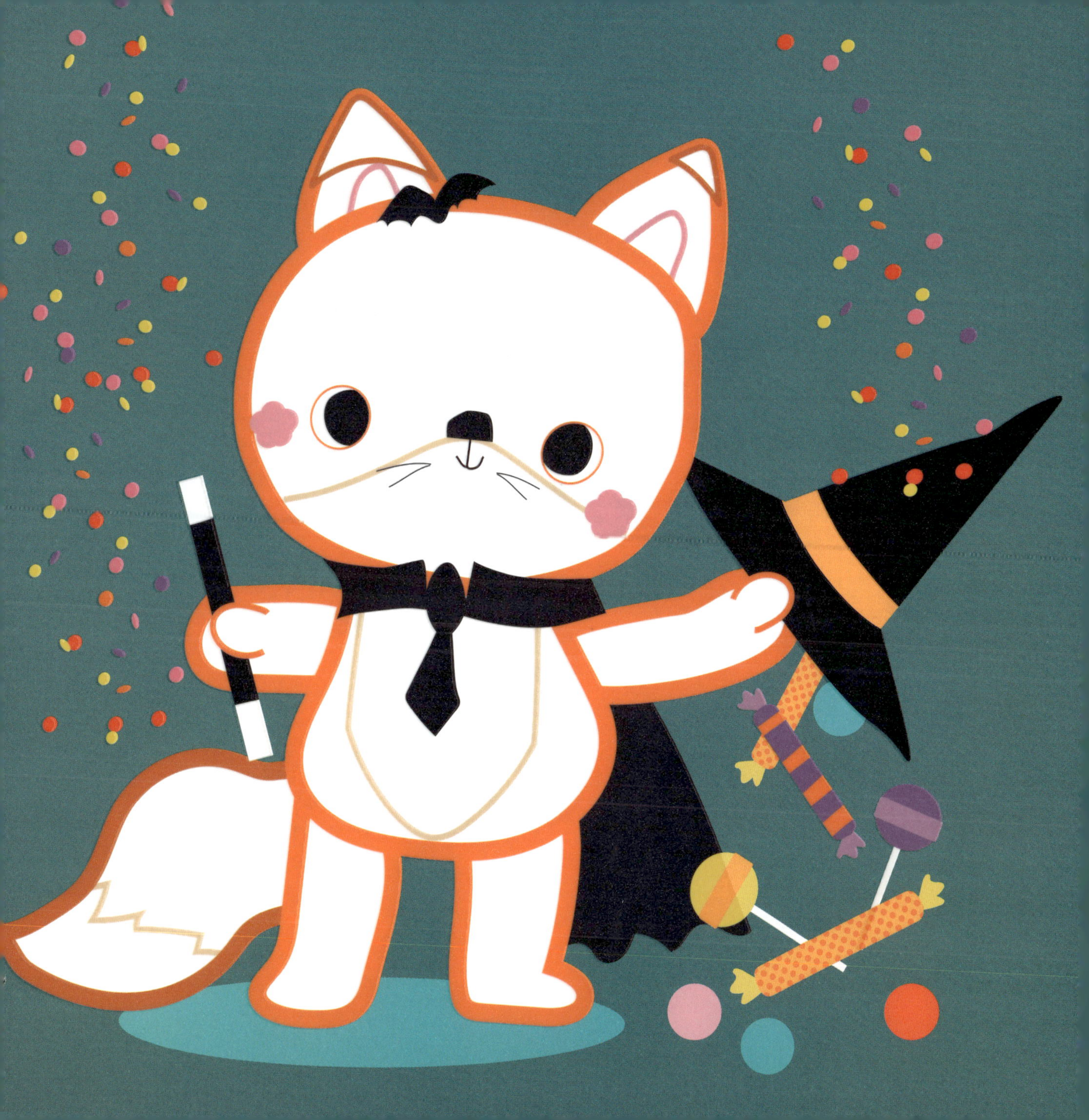

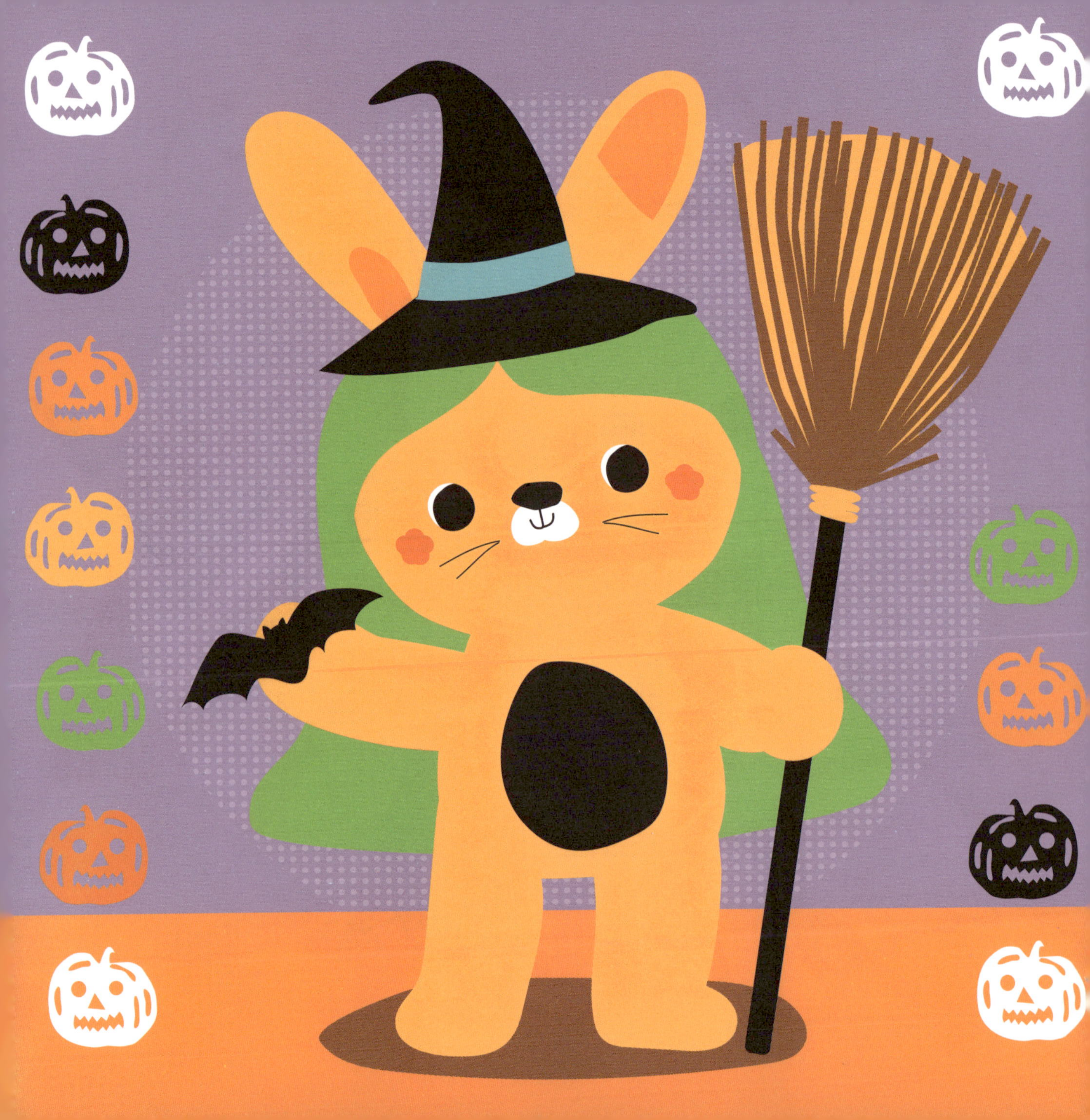

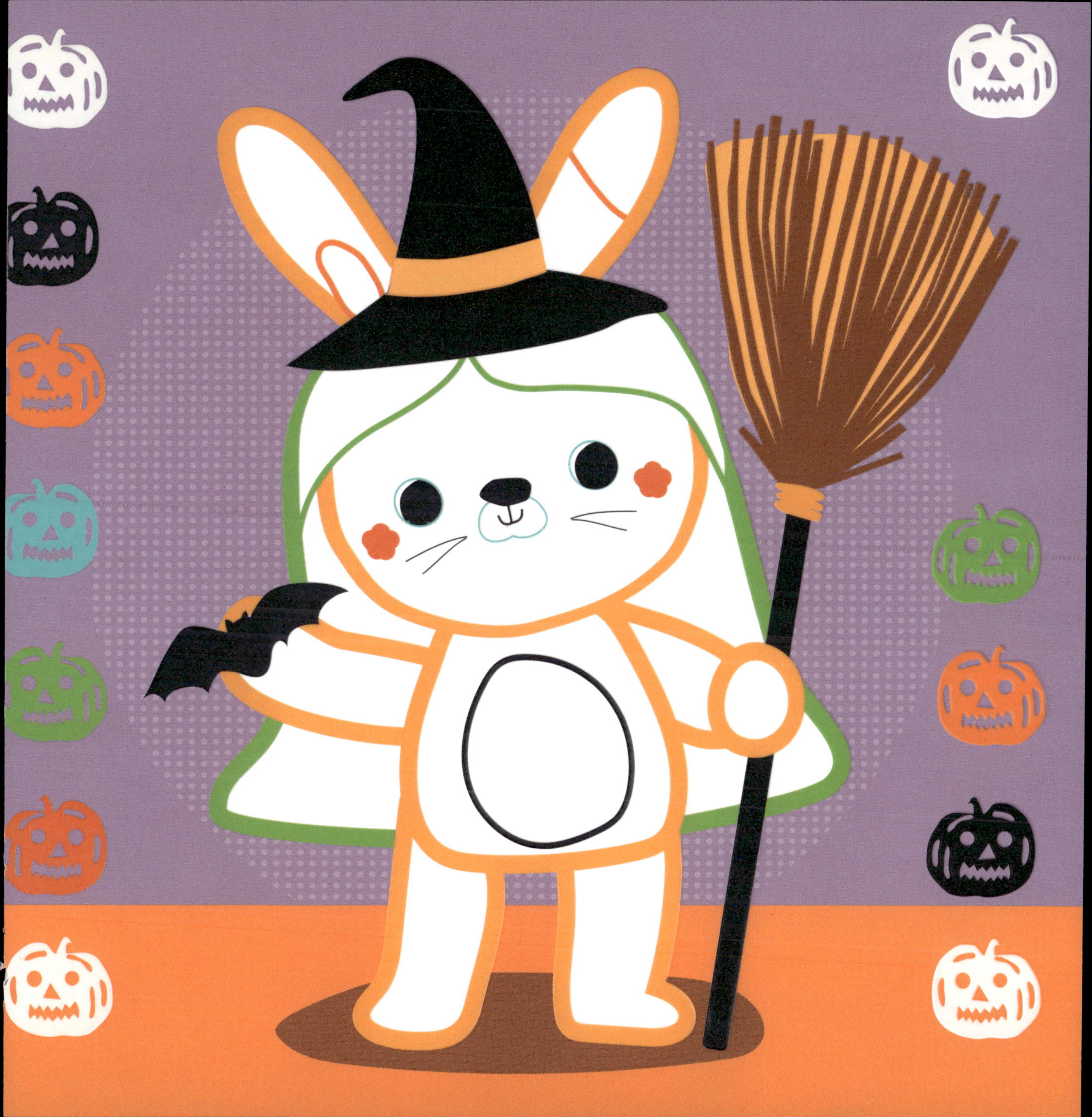

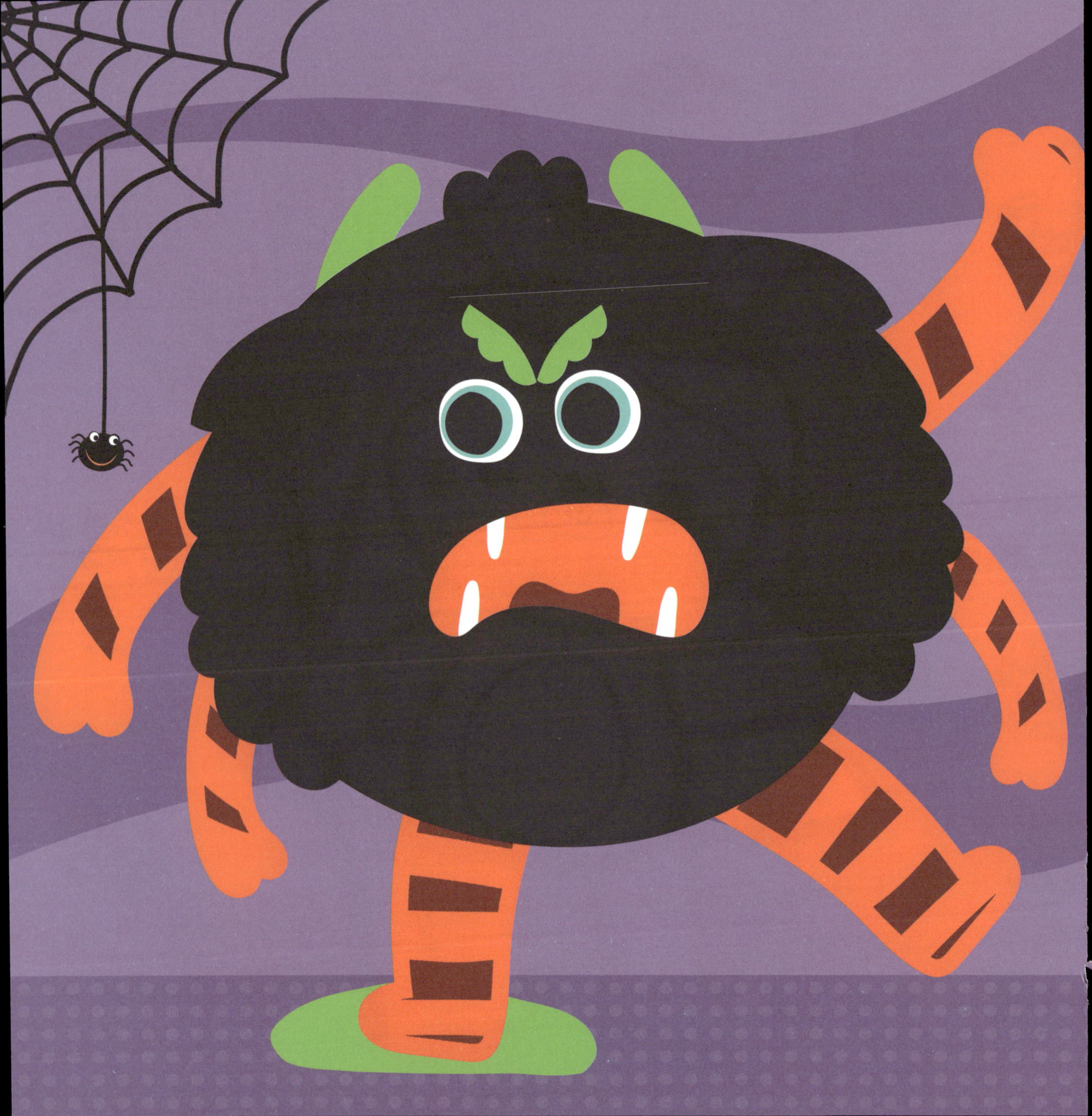

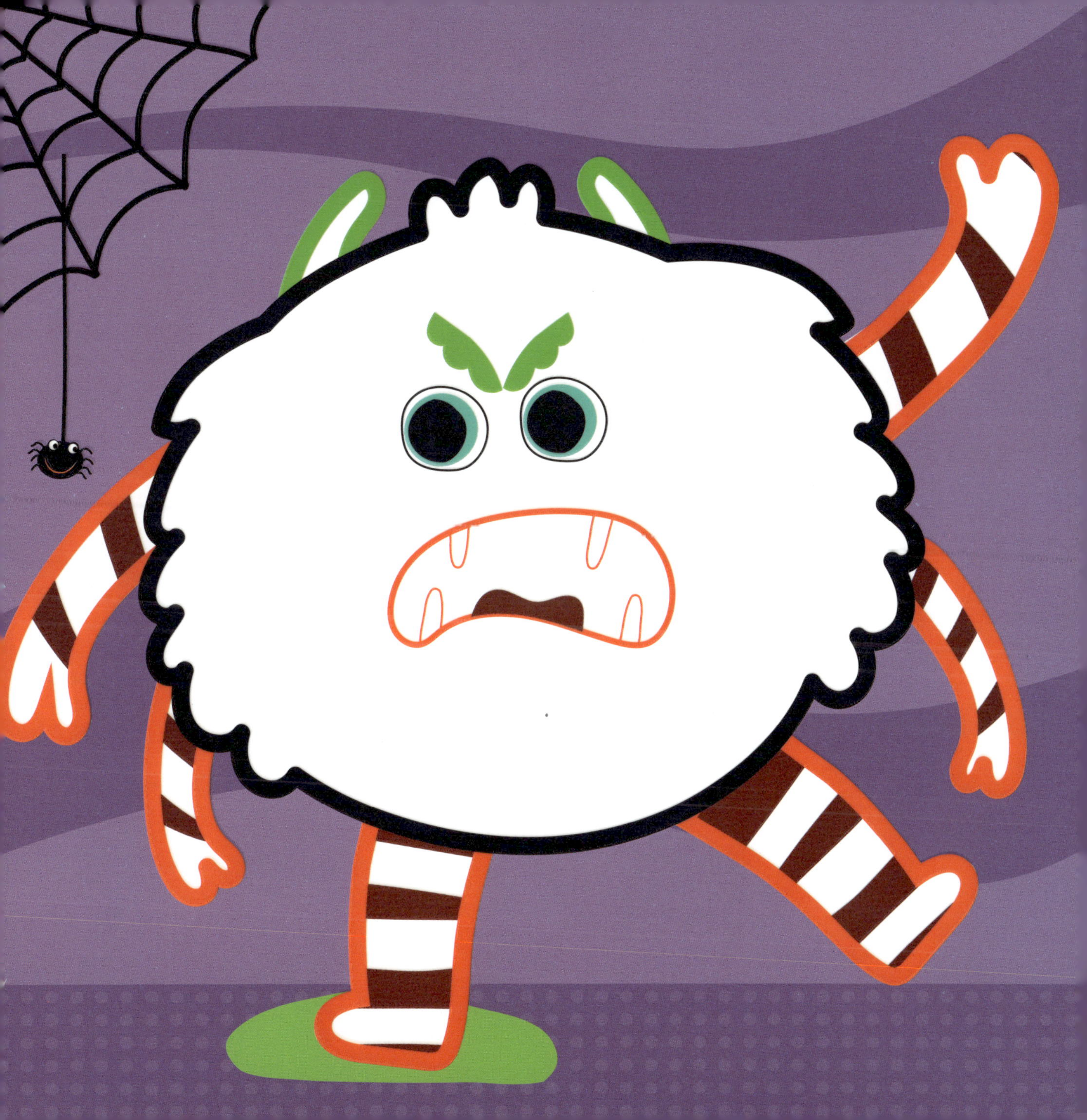

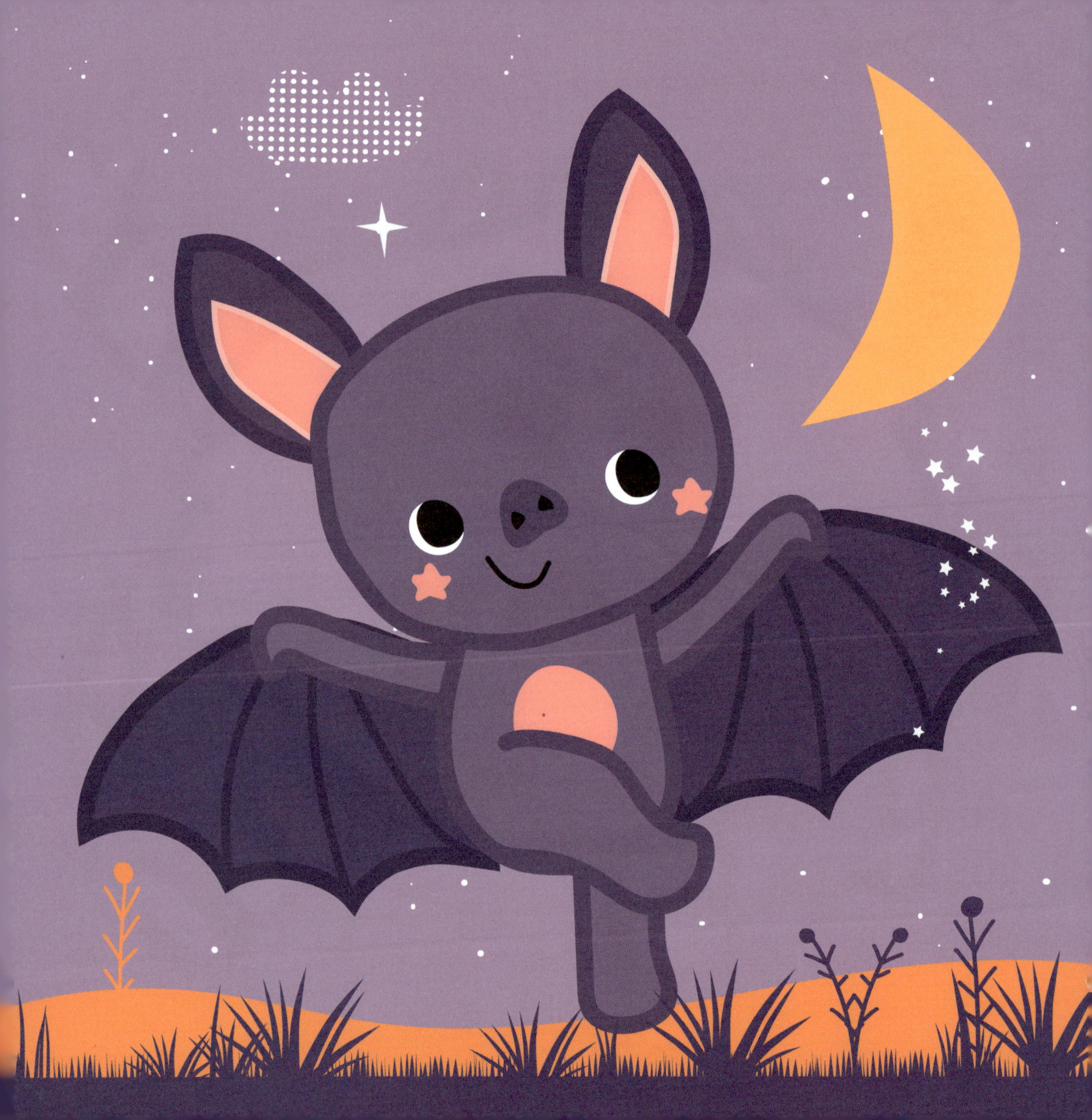

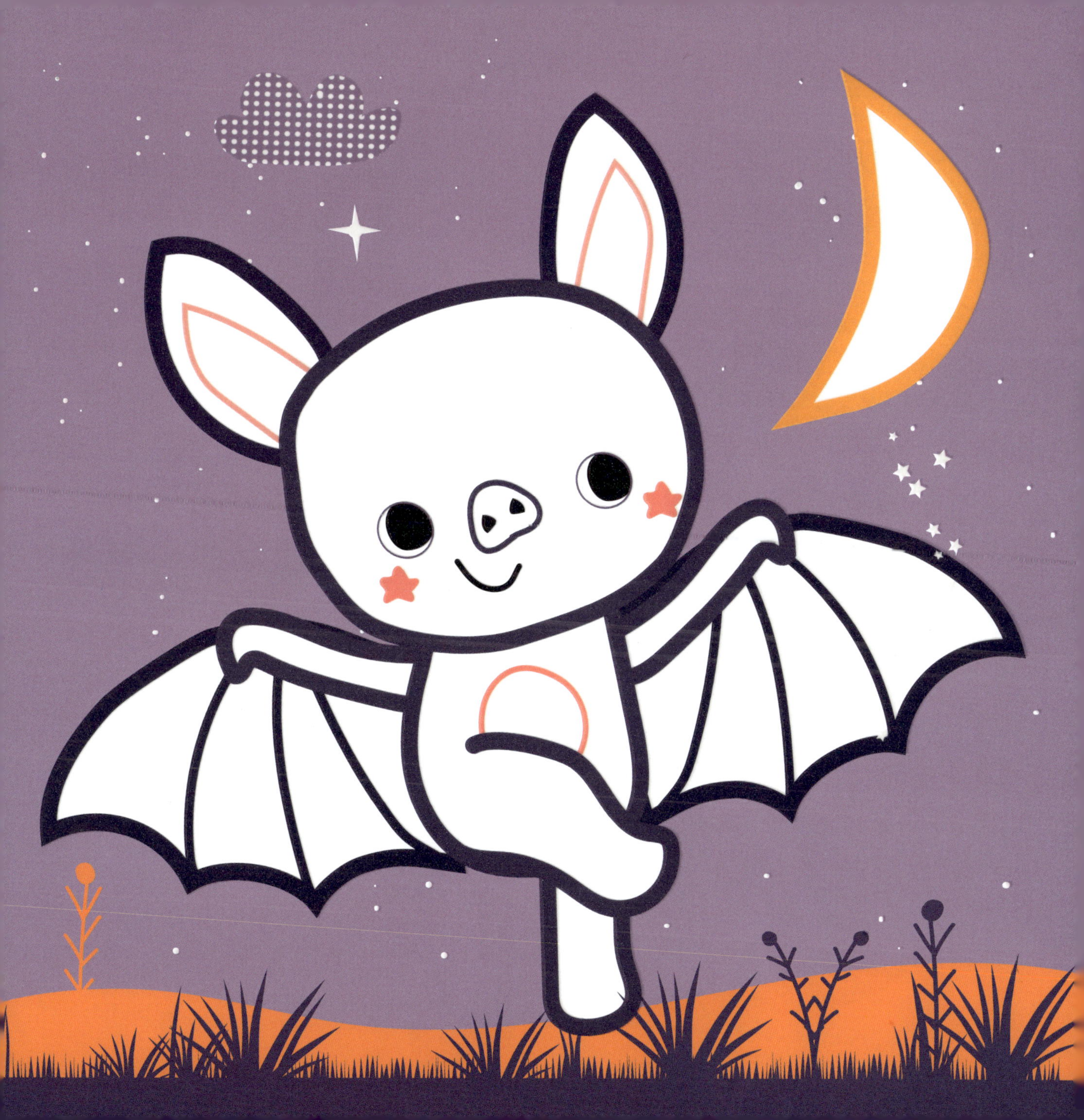

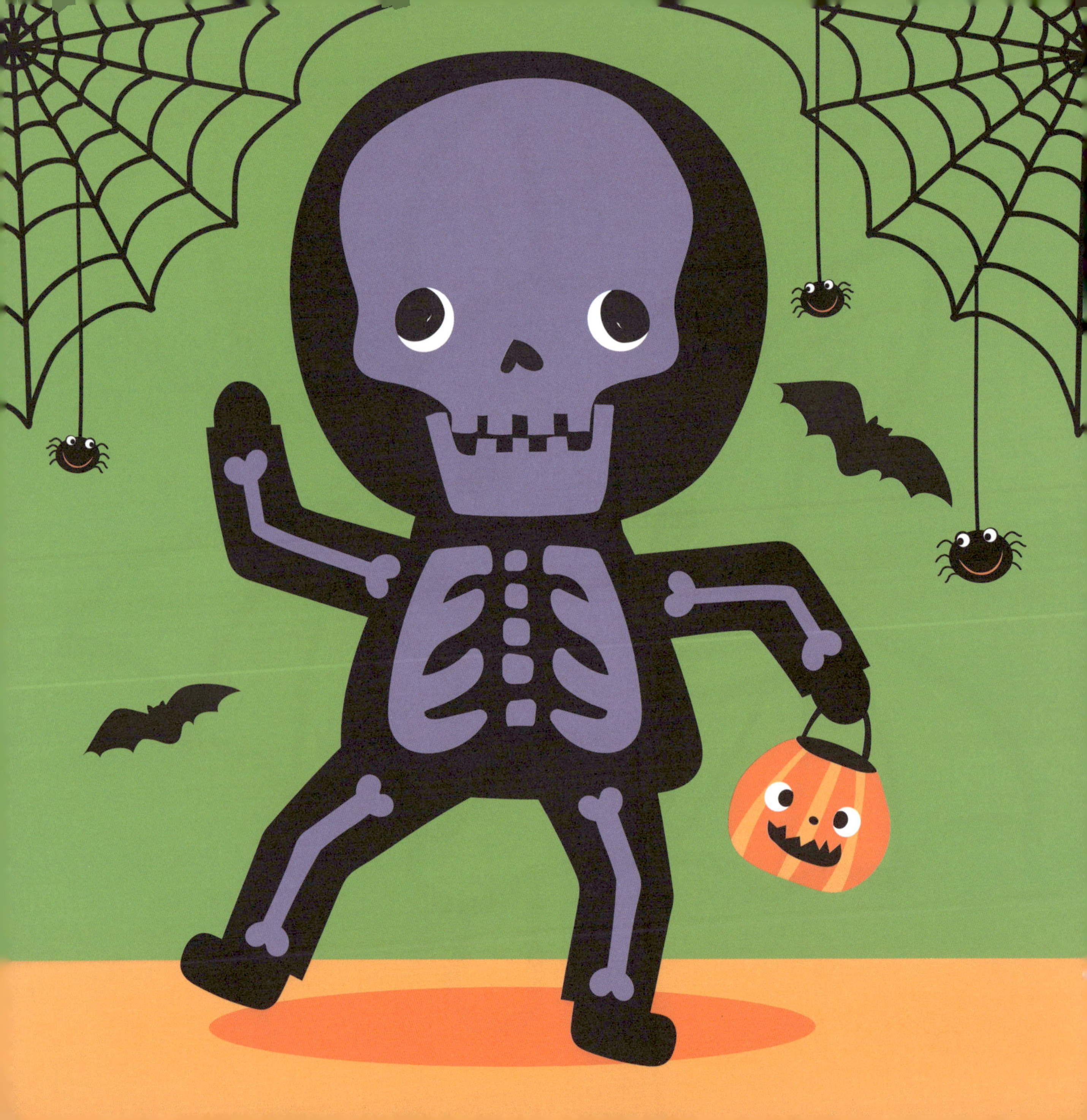

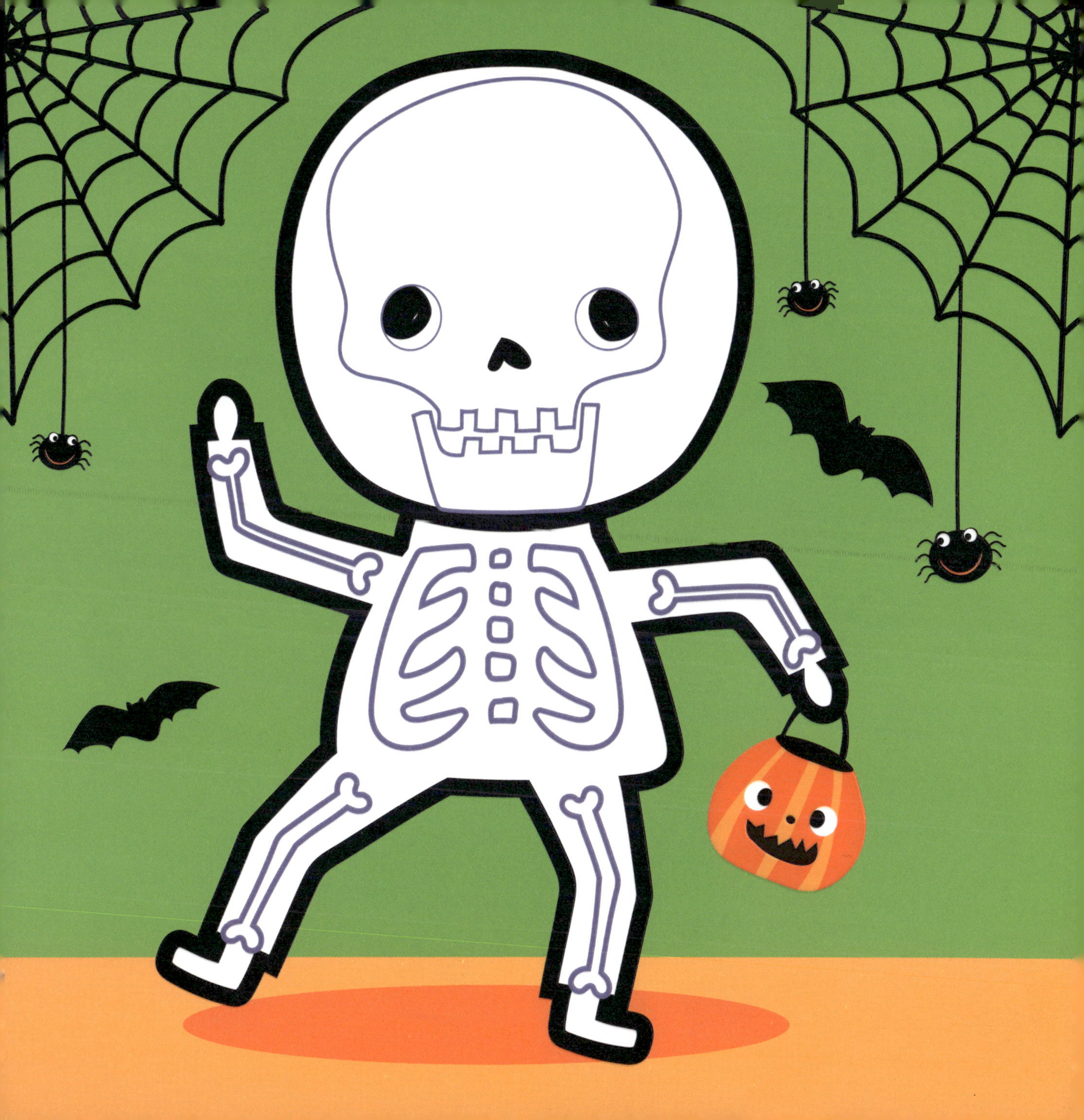

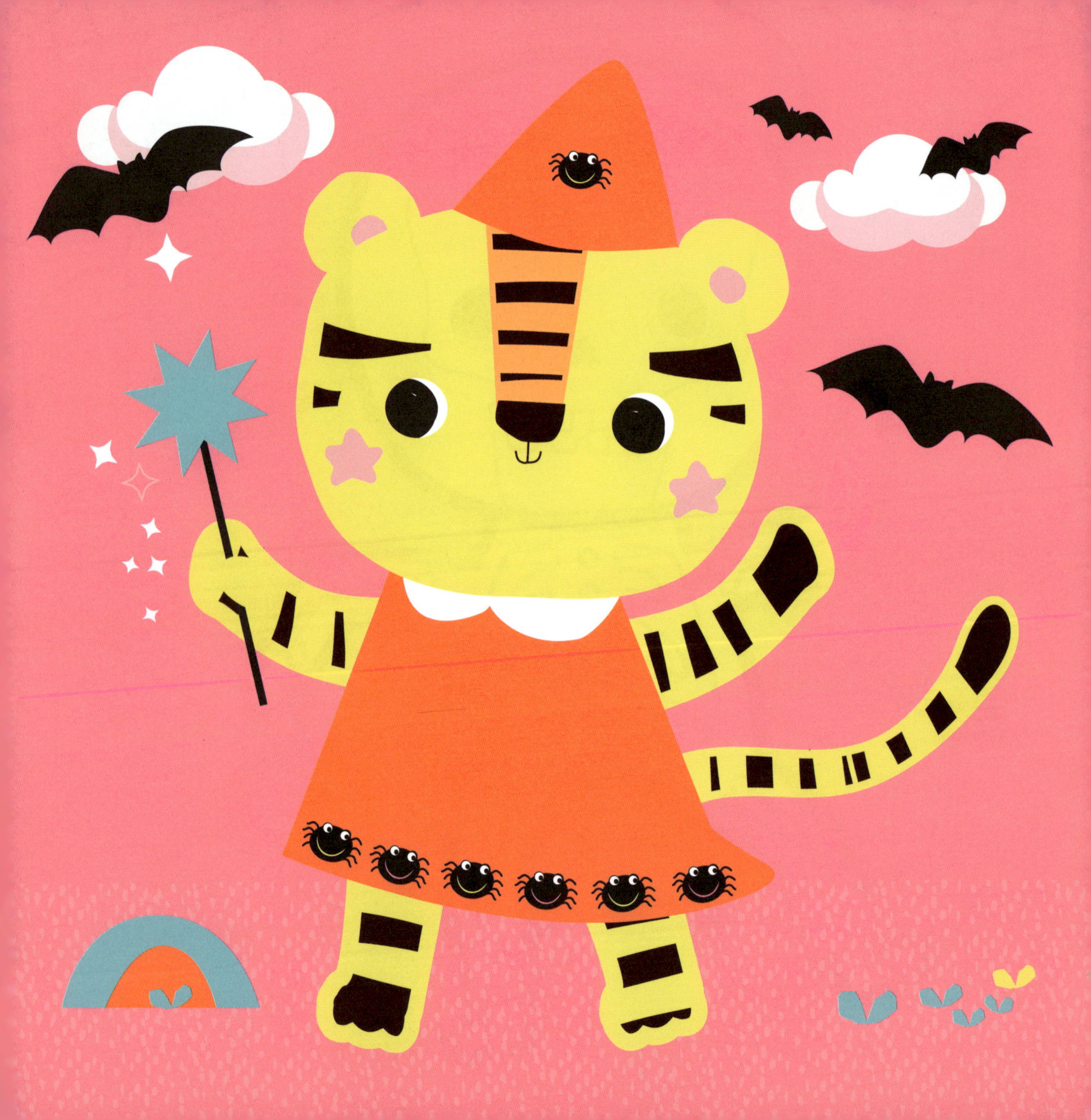

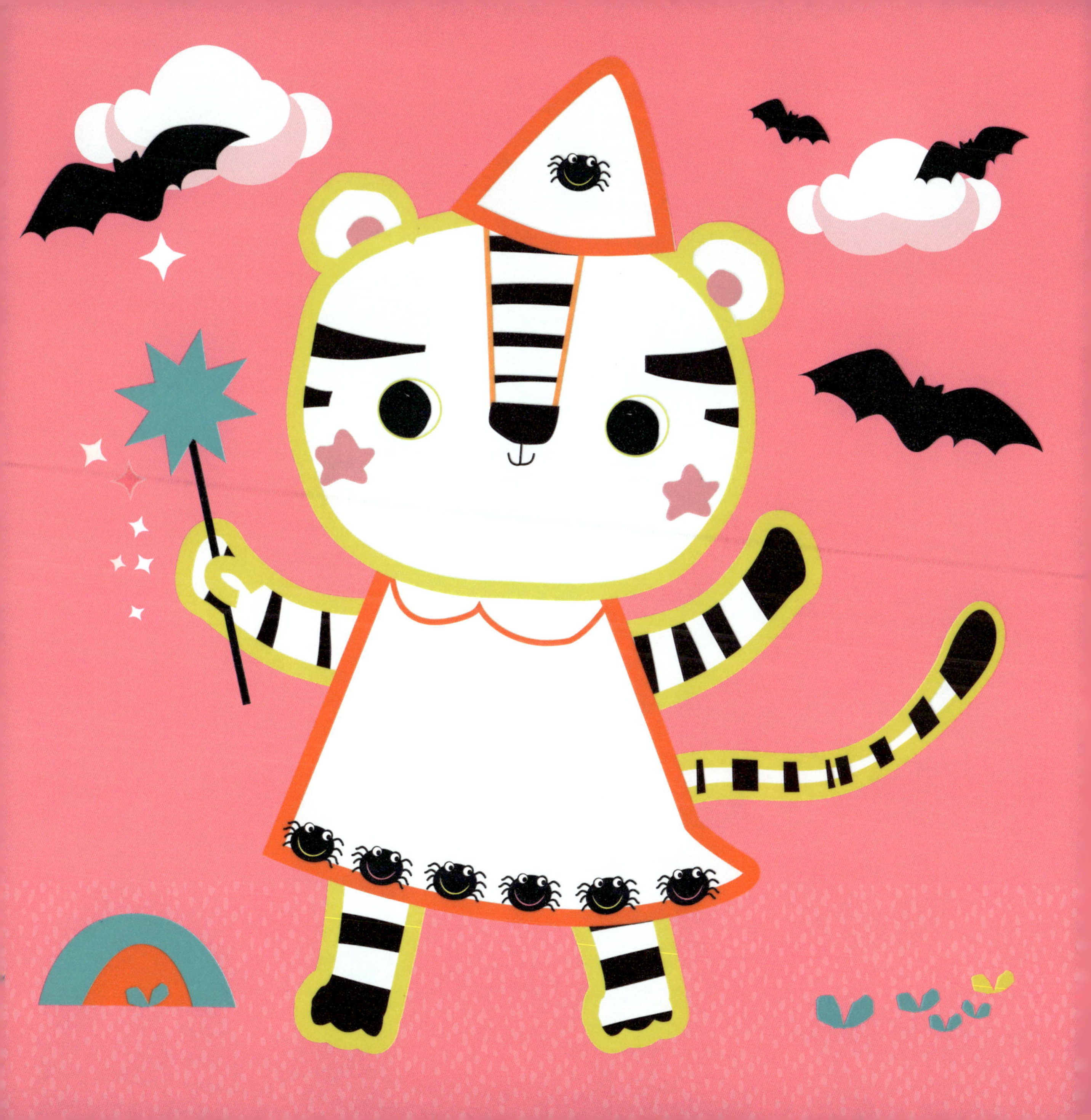

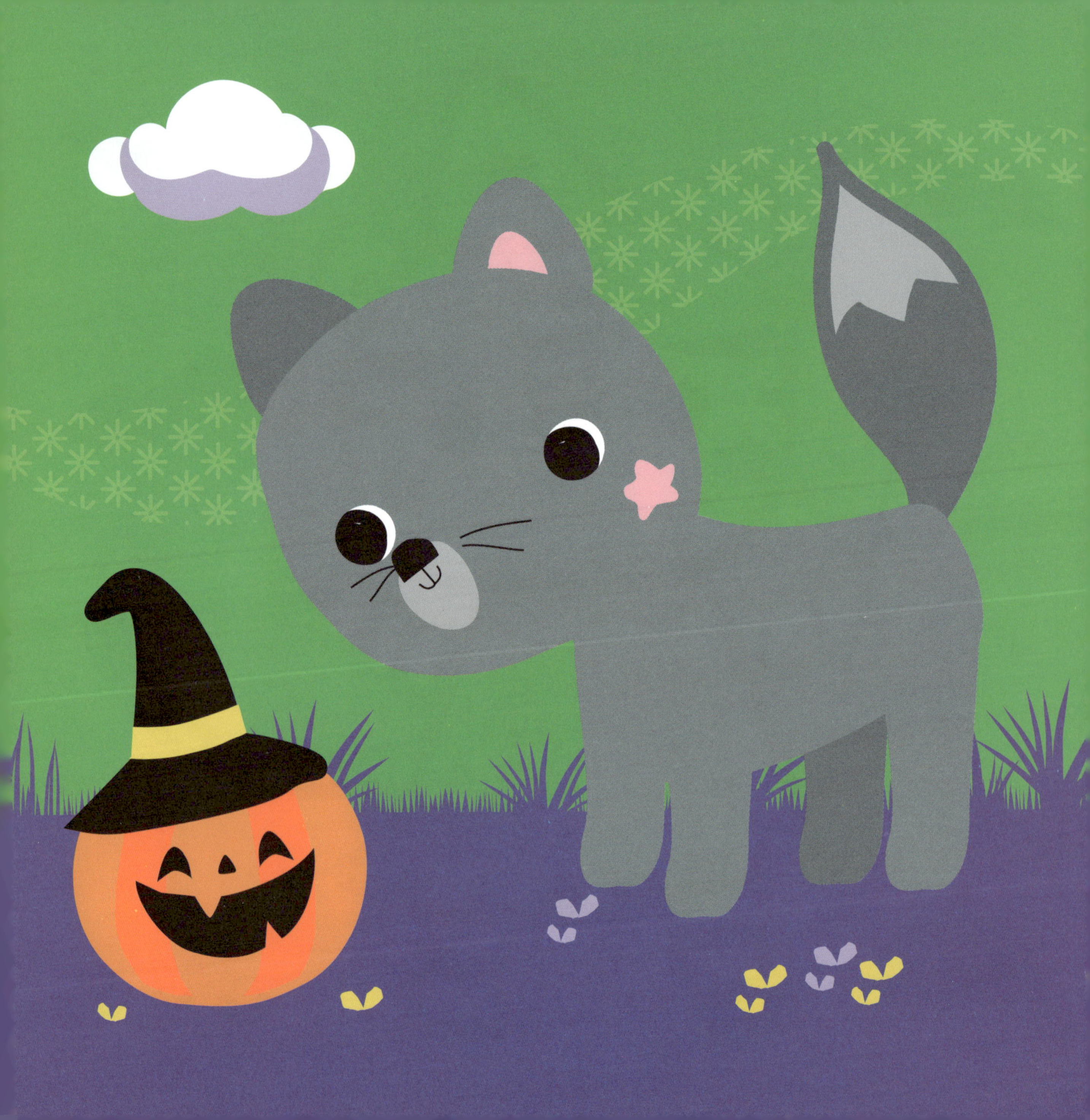

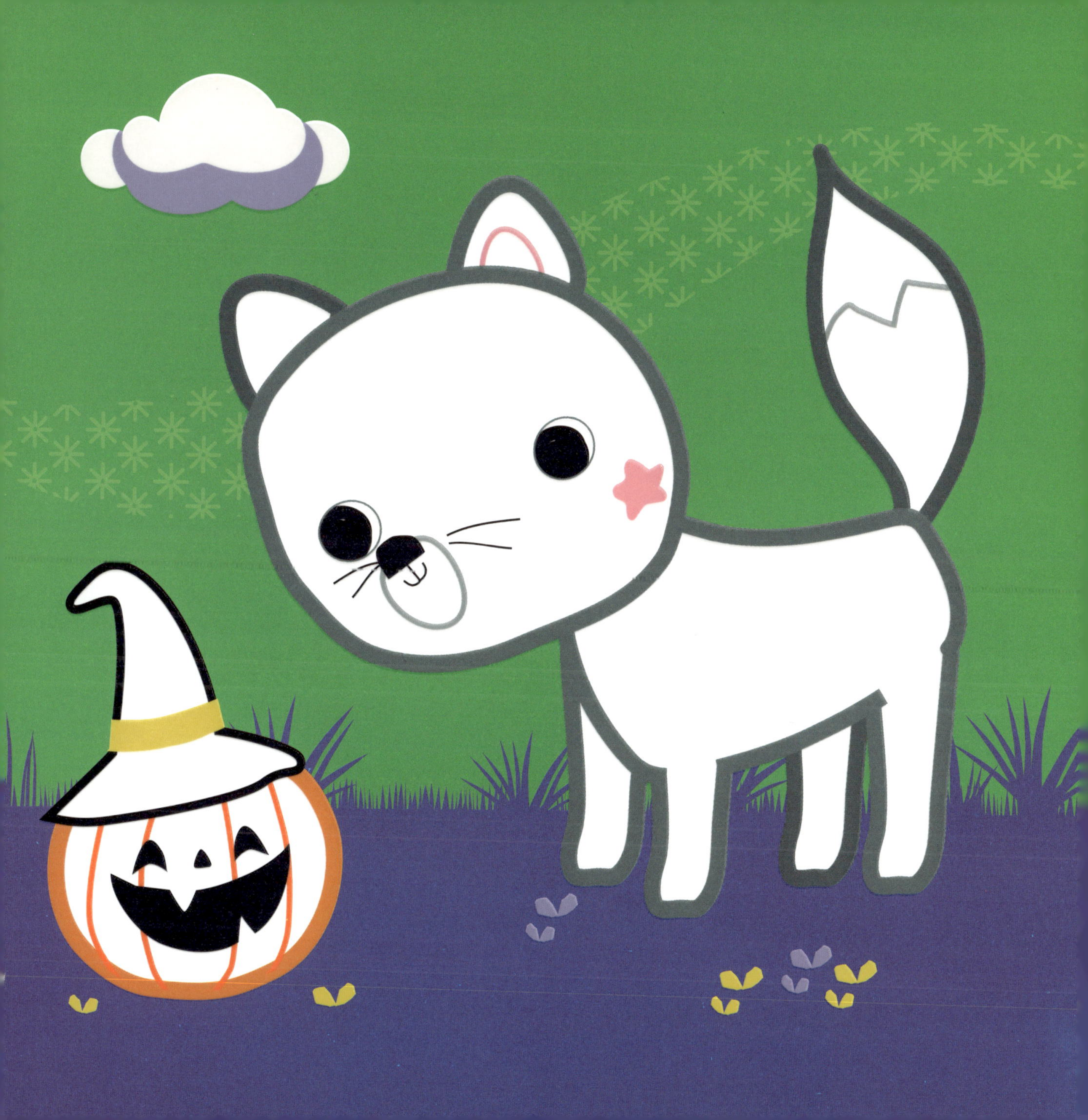